RUNDUM SCHÖN

Mary Spillane

RUNDUM SCHÖN

ATTRAKTIV IN GROSSEN GRÖSSEN

Deutsch von Beate Gorman

Hallwag Verlag Bern und Stuttgart

Dieses Buch ist Veronique Henderson gewidmet, die als Mitarbeiterin von COLOR ME BEAUTIFUL eine wahre Quelle der Inspiration hinsichtlich Stilfragen ist.

Der Verlag dankt Frau Karin Bison-Unger, Geschäftsführerin von COLOR ME BEAUTIFUL (Deutschland, Österreich, Schweiz) für die Durchsicht des Textes.

Die englische Originalausgabe ist unter dem Titel BIGGER IDEAS FROM COLOR ME BEAUTIFUL. COLOUR AND STYLE IDEAS FOR THE FULLER FIGURE im Verlag Judy Piatkus, London, erschienen.

Illustrationen: David Downton
Foto der Autorin (Umschlagklappe): Sue Hume
Evans-Fotos einschließlich Umschlag mit freundlicher Genehmigung von Evans, Hammond & Hughes und Ford Models
Übrige Fotos: Mike Prior

Lektorat: Eva Meyer
Umschlag und Gestaltung: Robert Buchmüller, Sabine Meier
Satz und Druck: Hallwag AG, Bern
Bindung: Grollimund, Reinach

© 1996 Hallwag AG, Bern
ISBN 3-444-10457-X

Dank

Dieses Buch ist eine echte Teamleistung von Mitarbeitern und Consultants von COLOR ME BEAUTIFUL sowie Einzelhändlern und Kleiderfabrikanten.

Evans, Großbritanniens wichtigster Einzelhändler für große Größen, unterstützte mich in allen Phasen mit Ratschlägen und speziell mit Fotos von den wunderschönen Kollektionen des Unternehmens. Besonderer Dank gebührt dem Vorstandsvorsitzenden Andy King und dem Werbefachmann Steven Sharp.

Janice Bhend, Herausgeberin der Zeitschrift YES! und Fürsprecherin von Frauen mit stärkerer Figur, war eine Quelle der Inspiration zu diesem Thema, das seit über zwanzig Jahren das ihre ist. Dara O'Malley von J D Williams/Classic Collection stellte uns ihre Untersuchungen zu Kleidergrößen zur Verfügung. Aufgrund ihrer Untersuchungsergebnisse wurden die Kleidergrößen der Kollektion umgestellt, so daß sie für die Frau von heute unabhängig von ihrer Körpergröße bequemer sind. Diane Williams und ihre Kollegen bei Marks & Spencer waren eine besondere Hilfe beim Thema Unterwäsche für Frauen mit großen Größen.

Evans, Marks & Spencer, Elisabeth by Liz Claiborne, Sixteen 47, Marina Rinaldi, Jacques Vert Plus und Adrian Mann stellten unserem Fotografen Mike Prior Modelle zur Verfügung. David Downton lieferte die phantastischen Zeichnungen.

Mein Dank geht an Veronique Henderson, die die Farbtöne auswählte und die Bereitstellung der Modelle für die Fotositzungen koordinierte. Wenn irgend etwas fehlte, durchwühlte sie bereitwillig die eigene Garderobe, um ein passendes Stück zu finden. Muriel Brightmore drapierte geduldig die Schneiderpuppen (Seiten 112 bis 122). Mein Dank geht auch an unsere unermüdlichen Fotomodelle Sarah Forbes, Sally Ely, Natasha Osuna und Karen Mason sowie Pippa und Alison von Hammond Hughes, die alle großartige Beispiele für die attraktive fülligere Frau sind.

Mike Prior machte wunderbare Fotos, und Martyn Fletcher kümmerte sich um Frisuren und Make-up. Anna und Lucy Luscombe waren eine große Hilfe, indem sie an den Wochenenden Fotos durchsahen und auswählten.

Judy Piatkus und Gill Cormode vom Verlagshaus Piatkus unterstützten das Konzept dieses besonderen Ratgebers von der Konzeption an und haben alles getan, damit es unsere bisher beste Leistung wurde. Sue Fleming kürzte meine Ergüsse mit viel Geschick auf die richtige Länge, nachdem Sue Abbott, die seit über zehn Jahren als meine Assistentin arbeitet, unzählige Fassungen des Manuskripts korrigiert hatte. Heather Rocklin sorgte dafür, daß alles rechtzeitig fertig wurde.

Einleitung

In diesem Buch geht es um Möglichkeiten. Es ist ein Stilberater für die wachsende Zahl von Frauen, die von den Geschäften in den großen Einkaufsstraßen oder von den Modemedien nicht mit der gewünschten Kleidung und dem passenden Image versorgt werden. Es sind die etwas fülligeren, aktiven und attraktiven Frauen mit Größe 42 und darüber, die wissen, daß sie wunderbar aussehen können, aber frustriert sind, weil es für sie, was Farbe, Stil und Preis betrifft, nicht ähnliche Möglichkeiten gibt wie für schlankere Frauen. Zudem halten sich die Fachleute mit Ratschlägen, wie man das Beste aus sich machen kann, bei diesen Frauen zurück.

Seit über zehn Jahren veröffentlicht *COLOR ME BEAUTIFUL* Bücher und bietet allen Frauen zu jedem Aspekt ihres Aussehens Hilfe an. Doch wir hören immer häufiger von unseren Leserinnen und Kundinnen (und auch von unseren eigenen Consultants, die größere Größen tragen), daß fülligere Frauen nur einen *Teil* der Stilberatung nutzen können. Es war also an der Zeit, einen Ratgeber zu schreiben, der sich ganz auf *Ihren* Körper und *Ihre* Möglichkeiten bezieht.

Ich will natürlich nicht behaupten, daß dick automatisch schön bedeutet, genau wie es im umgekehrten Fall unsinnig wäre zu sagen, daß eine kleine Kleidergröße ihrer Trägerin gleich Schönheit verleiht. Für ein großartiges Aussehen brauchen alle Frauen einige Grundkenntnisse, die anschließend umgesetzt werden müssen. Der Schlüssel für Ihr bestes Aussehen liegt darin zu lernen, wie *Sie* sich am besten kleiden. Wenn Sie Ihre Pluspunkte durch vorteilhafte Kleidung unterstreichen, können Sie wunderbar aussehen. Jede Frau mit stärkerer Figur kann schön sein, wenn sie lernt, das Beste aus ihrer natürlichen Schönheit zu machen.

DER WOHLFÜHL-FAKTOR

Manchmal haben Frauen ihrem Körper und sich selbst gegenüber ein so negatives Gefühl, daß sie einfach nicht schön aussehen können, selbst wenn sie sich noch so gut kleiden. Vor diesem Problem stehen viele Frauen, egal, welche Kleidergröße sie tragen. Gehen Sie einfach davon aus, daß Sie etwas wert sind. Machen Sie einen Anfang, indem Sie sich sagen, daß dies allein deshalb so ist, weil man Ihnen mit diesem Buch Aufmerksamkeit schenkt!

GEGENÜBER **Partytime** Zeigen Sie, was Sie zu bieten haben! Kokette kurze Kleider sollten schwingen und nicht am Körper kleben . . .

Es ist ja nicht so, als ob Sie und andere füllige Frauen nicht genug Merkmale hätten, mit denen sie arbeiten können – jede Frau kann auf ihre Vorzüge stolz sein. Doch wenn Sie keine optimistische Einstellung zu sich und Ihren Möglichkeiten haben, werden Sie immer ein farbloses und minderwertiges Image projizieren, ein Image, das von Ihrer potentiellen Schönheit weit entfernt ist.

DIE BOTSCHAFT SIND SIE!

In den letzten Jahren wurde *COLOR ME BEAUTIFUL* immer häufiger von Fernsehredakteuren und Zeitschriften gebeten, Stilberatungen für füllige Frauen durchzuführen. Dies ist zu einem wichtigen Thema geworden, weil der Einzelhandel einzusehen scheint, daß sich da ein riesiger Markt von Verbraucherinnen auftut, die nicht soviel Geld ausgeben, wie sie gerne möchten. Erst jetzt erkennen die Hersteller, welche Gelegenheit sich ihnen hier bietet, und plötzlich werden diese Kundinnen umworben.

Stilberatungen für Frauen, die nicht mehr in Größe 40 paßten, waren vor nicht allzu langer Zeit ein Alptraum. Wir mußten bei den Herstellern mit viel Mühe nach den richtigen Kleidern suchen und waren dann gezwungen, aufgrund mangelnder Möglichkeiten bei Farbe und Form Kompromisse einzugehen. Es war äußerst frustrierend, mit Frauen zu arbeiten, die ihr Image verbessern wollten, aber wenig Hoffnung hatten, die entsprechende Kleidung zu finden. Anhand der zahlreichen Fotos in diesem Buch und der wachsenden Zahl von Marken, die Kleider ab Größe 42 anbieten, werden Sie feststellen, daß Mode für große Größen jetzt der große Renner ist. In jeder Preisklasse können Sie heute in den Cityzentren, in Katalogen oder sogar per Homeshopping am Fernseher zu Hause wunderbare Modelle aussuchen, die zu Ihnen passen.

UNSERE VORBILDER

Bei CMB Image Consultants haben wir seit 1983 Consultants eingestellt, die von Größe und Aussehen her dem Durchschnitt entsprechen – was jedoch nicht auf ihre Fähigkeiten zutrifft! Wir benachteiligen niemanden wegen seiner Figur, sondern tun unser Bestes, dynamische Kosmetikerinnen, Stilistinnen und Trainer zu finden, die sich für den Beruf des Image-Consultants interessieren. Wenn sie eine etwas fülligere Figur haben, um so besser, denn auch viele unserer Kunden fallen in diese Kategorie. Wir verfügen jetzt über ein Team an attraktiven Frauen und Männern in den unterschiedlichsten Altersgruppen, die in ihren richtigen Farben und in den für sie besten Stilmöglichkeiten großartig aussehen. Einige Frauen tragen kleine Größen, doch wir haben auch Mitarbeiterinnen, die bis Größe 48 tragen.

Die CMB-Consultants sind der lebende Beweis für unsere Grundsätze. Wenn Sie erst einmal wissen, wie man's macht, können Sie allen vorgaukeln, daß Sie eine Taille haben, auch wenn vorher keine vorhanden war, daß die Hüften schlank sind, obwohl Sie es besser wissen, und daß Sie über Nacht zwanzig Pfund verloren haben!

. . . doch wenn Sie Ihren Körper lieber nicht zeigen wollen, umhüllen Sie ihn mit weichen Stoffen.

WARUM NICHT EIN WENIG MOGELN?

Viele füllige Frauen kennen das Spiel der Verkleidung nicht, weil es bisher keine Ratschläge gab, die direkt auf sie abzielten. Statt dessen unterwerfen sie sich ständig irgendwelchen Schlankheitskuren, beginnen Gymnastikprogramme, die ihnen versprechen, den Umfang von Hüften und Oberschenkeln um Zentimeter schrumpfen zu lassen, und geben bald wieder entmutigt auf. Sie kennen die einfachsten Möglichkeiten nicht, mit denen sie nicht nur gesünder und schöner, sondern auch schlanker aussehen können. Wenn Sie diese Kunstgriffe zur Verbesserung der Figur, die wir als Image-Consultants jeden Tag anwenden, einsetzen und ein wenig mogeln, können auch Sie wunderbar aussehen, ohne wieder eine neue Diät anzufangen (es sei denn, Sie möchten ein paar Pfunde verlieren), ohne sich sportlich mehr zu betätigen, als Sie es ohnehin tun (es sei denn, Sie möchten sich fitter fühlen), und ohne mehr Geld auszugeben (es sei denn, daß Ihre Entdeckungen Sie so umwerfen, daß Sie sich einfach ein etwas teureres Stück leisten müssen)!

Zuerst einmal sollten Sie sich selbst gegenüber ehrlich sein. Wie glücklich sind Sie mit Ihrem Körper und Ihrem gegenwärtigen Image? Wenn Sie die Fragebögen in Kapitel 1 beantwortet haben, werden Sie wissen, ob Ihr Selbstbild intakt ist und Ihr Stil nur ein wenig aufgemöbelt werden muß, oder ob es an der Zeit ist, aus Ihrem Schattendasein herauszutreten, in den Spiegel zu schauen und endlich das Beste aus sich zu machen. Diskriminieren Sie sich selbst gegen große Größen? Weigern Sie sich, Kleidung anzuprobieren, in der Sie viel besser aussehen würden als in der Größe, die Sie normalerweise tragen, einfach weil Ihnen die Zahl auf dem Kleideretikett nicht behagt? Im Grunde sind Größen völlig willkürlich und lächerlich, denn die Körperform der Frau von heute unterscheidet sich stark von den Körperformen der letzten dreißig Jahre.

In Kapitel 2 werden Sie Ihre wahre Körperform kennenlernen. Wir haben diese Formen aufgrund neuer Forschungsergebnisse und Körpermessungen an Frauen der heutigen Zeit aktualisiert. Vielleicht wird es Sie überraschen, daß die traditionellen Sanduhr- und Birnenformen langsam aussterben. Unabhängig von Ihrer Körperform oder körperlichen Verfassung machen unsere Tips und Tricks das Beste aus Ihrer Figur, so daß Ihnen stundenlange frustrierende Einkäufe erspart bleiben. Zu jeder Körperform geben wir Ratschläge zu Stoffen, Farben, Schnittführung und Details, die Ihre Figur verbessern und Ihre Proportionen ausgleichen.

Die Kleidungsstile haben sich während der letzten Jahre sehr verändert, was auch auf die Farb- und Stilmöglichkeiten für fülligere Frauen zutrifft. Doch kleine Frauen, die zudem übergewichtig sind, haben Schwierigkeiten, Kleidungsstücke zu finden, die ihnen richtig passen. In Kapitel 3 finden die «kleinen, aber gewichtigen» Frauen Tips, wie sie normale Größen so anpassen und ändern können, daß sie ihnen stehen.

Besondere Herausforderungen aufgrund der Figur werden in Kapitel 4 abgedeckt, das auch viele illustrierte Beispiele für die jeweiligen Möglichkeiten enthält.

Befolgen Sie unsere Ratschläge, und niemand wird je wissen, daß Sie einen kleinen Busen, einen dicken Hals oder ausgeprägte Waden haben.

Kapitel 5 befaßt sich mit dem grundlegenden «Unterbau», den Dessous, die Ihrem Look zum Erfolg oder Mißerfolg verhelfen. Jede Frau hat eine etwas andere Figur, doch Sie werden lernen, wie Sie bei sich Maß nehmen und Fachleute kostenlos um Rat bitten können. Diese Fachleute können Ihnen bei der Wahl der geeigneten Unterwäsche behilflich sein, so daß Ihre Kleidung großartig an Ihnen aussieht.

Natürlich wäre dieses Buch ohne Ratschläge bezüglich der richtigen Farben nicht vollständig. In Kapitel 6 lernen Sie, wie Sie Farben vorteilhaft einsetzen können. Wenn Sie sich noch nicht bei *COLOR ME BEAUTIFUL* haben beraten lassen, erfahren Sie hier, welche Farbpalette Ihnen am besten steht. Die richtigen Farben lassen Sie gesünder aussehen und ziehen die Aufmerksamkeit auf die Bereiche, die Ihnen wichtig sind. Die Art und Weise, wie Sie diese Farben tragen, kann Sie Zentimeter größer und schlanker aussehen lassen. Experimentieren Sie mit Ihrer eigenen Garderobe, und entdecken Sie für sich selbst, wie ein paar neue, farbenfrohe Ergänzungen Ihren Look über Nacht verändern können.

Accessoires, Make-up, Haar-, Gesichts- und Körperpflege werden ebenfalls besprochen. Sie geben Ihnen den letzten Schliff, der für Ihr Erscheinungsbild von größter Bedeutung ist. Bereits einfache Dinge, etwa ein besser aufgetragenes Rouge oder eine wirkungsvollere Frisur, können einen großen Unterschied machen und Ihnen mehr Selbstbewußtsein verleihen.

Ihre Kleidergröße sollte Sie nie daran hindern, das Leben in vollen Zügen zu genießen. Wenn Sie bisher keine Gymnastik betrieben haben, hoffe ich, daß sich Ihre Einstellung ändert, nachdem Sie in Kapitel 9 über die tollen Möglichkeiten zum Straffen des Körpers, die Ihnen ein großartiges Körpergefühl verleihen können, gelesen haben.

Wenn Sie sich mehr Selbstvertrauen wünschen, wenn Sie es müde sind, tagein, tagaus immer gleich auszusehen, wenn Sie der Meinung sind, es sei an der Zeit, daß die Welt von Ihnen und all dem, was Sie zu bieten haben, mehr Notiz nimmt, dann legen Sie dieses Buch nicht weg, bis Sie eine Liste von zehn neuen Schritten erstellt haben, mit denen Sie Ihr neues Image realisieren wollen.

Gemeinsam schaffen wir es.

KAPITEL 1

Inneres Ich kontra äußeres Erscheinungsbild

Alle Frauen mit einem etwas größeren Körperumfang können unzählige auf ihr Gewicht bezogene Geschichten erzählen, traurige und lustige. Einige besonders schmerzliche Erfahrungen wurden zum ersten Geburtstag der britischen Zeitschrift *YES!* veröffentlicht, eines schwungvollen Magazins, das ganz auf molligere Frauen ausgerichtet ist.

Mary Evans Young berichtete: «Als ich fünfzehn Jahre alt war, ging ich mit einem Jungen aus, der schließlich einen Annäherungsversuch startete. Er sagte, daß ich sehr nett sei, ein wunderschönes Gesicht hätte . . . und daß ich wirklich toll wäre, wenn ich abnehmen würde!»

Die Herausgeberin Janice Bhend erzählte folgende Geschichte: «Sofort erinnert man sich daran, wie andere einem einfache, alltägliche Vergnügen verderben können. Ich werde nie vergessen, wie ich mit neun oder zehn Jahren ein tolles, pinkfarbenes Fahrrad bekam. Ich war sehr stolz darauf und radelte glücklich die Straße entlang, als eine Gruppe Jungen rief: ‹Habt ihr schon mal einen Elefanten auf einem Fahrrad gesehen?› Mein Tag war ruiniert und ebenso mein Selbstbewußtsein.»

Doch solchen schmerzhaften Erfahrungen treten immer mehr Frauen, die auf sich und ihre Statur stolz sind, mit einer neuen Mischung aus Selbstachtung und Selbstvertrauen entgegen.

Angela Sandler von *YES!* berichtet: «Neulich war ich auf einer Party. Ich nahm mir etwas Kalorienhaltiges vom Büffet, und sofort sagte eine Frau: ‹Sollten Sie nicht etwas auf Ihr Gewicht achten?› Ich verzog keine Miene, sondern fragte sie, ob sie nicht etwas auf ihr Benehmen achten sollte!»

Astrid Longhurst, eine Fitneßexpertin mit voller Figur, erinnert sich an eine Begegnung mit einer Freundin, die fragte, was sie zurzeit beruflich mache. Sie erwiderte, daß sie in der letzten Zeit als Model gearbeitet habe, woraufhin die Freundin gehässig meinte: «Die verkaufen wohl Zelte!» Astrid Longhurst bat sie nur, sich am nächsten Tag den *Daily Telegraph* zu kaufen.

Fülliger zu sein als andere Frauen hat Auswirkungen auf das Leben einer Frau und formt ihr Selbstwertgefühl. Viel zu lange schon haben sich Frauen der Tyrannei des Schlankseins unterworfen, als würde Schlanksein alles bedeuten. Erica Jong, die füllige Autorin, die keine Angst vor dem Dicksein hat, ist der Meinung, daß es die Frauen selbst sind, die an der Vorstellung festhalten, schlank sei sexy, und daß die Kleidergröße etwas mit der gesellschaftlichen Stellung zu tun habe – «Je niedriger

DER GROSSE SCHRITT

Weltweit unternehmen heute Frauen mit vollerer Figur Schritte, um ihre Möglichkeiten optimal zu nutzen. Obwohl sie in bezug auf ihren Körper nicht gerade mit viel Selbstbewußtsein gesegnet sind, stürmen viele in die Kosmetiksalons und Boutiquen, zum Friseur, in Fitneß- und Image-Studios und experimentieren mit ihrem äußeren Image, um ihre Selbstachtung aufzubauen. Einige sind von ihrer eigenen persönlichen Entwicklung so motiviert, daß sie selbst aufstrebende Models und Image-Consultants werden.

Viele Mitarbeiter bei *COLOR ME BEAUTIFUL* in Spitzenpositionen haben mich mit den Geschichten ihrer Angst überrascht, überhaupt den Mut aufzubringen und sich wegen einer Ausbildung als Image-Consultant an *COLOR ME BEAUTIFUL* zu wenden. Ann, die vorher eine erfolgreiche Floristin war, erzählt, sie sei nach einer eigenen Farbanalyse so begeistert gewesen, daß sie selbst ein neues Unternehmen, bei dem sie mit Farben arbeiten konnte, gründen wollte. Doch statt mit Blumen wollte sie mit Menschen zu tun haben. «Ich habe die Anmeldung ausgefüllt, konnte mich aber nicht dazu aufraffen, sie abzuschicken. Schließlich bestand mein Mann darauf, daß ich es tat. Wissen Sie, ich kann Ablehnung nicht ertragen. Aber ich konnte mir einfach nicht vorstellen, daß *COLOR ME BEAU-TIFUL* an einer Beraterin mit großer Kleidergröße Interesse hätte.»

Ann war von dem Empfang, den man ihr bei CMB bereitete, überrascht und froh zu hören, daß man großartige Frauen wie sie brauche, um andere davon zu überzeugen, daß sie ebenfalls toll aussehen können. Sie war auch nicht sicher, ob sie als Image-Consultant Erfolg haben würde, obwohl sie für die Ausbildung angenommen wurde. Würden die Kundinnen Ratschläge von einer etwas fülligeren Frau annehmen? Obwohl von Natur aus schüchtern, wurde Ann mit einem Image, das Frauen unabhängig von Größe und Figur inspiriert, in kürzester Zeit zu einer fesselnden Rednerin und preisgekrönten Beraterin.

Ann, eine CMB-Spitzenkraft, bei ihrer Arbeit als Image-Consultant in ihrem Studio

die Klasse, desto fetter der Hintern» oder «Man kann nie zu reich oder zu schlank sein». Doch viele Männer lieben die Fülle, wie Erica Jong nur allzu gut weiß!

DAS WEIBLICHE KONKURRENZDENKEN

Frauen konkurrieren schon seit Jahrhunderten miteinander, und der Hauptaustragungsort für ihre Kämpfe waren die Bereiche Schönheit und Mode. Obwohl heute viele Frauen dieses Konkurrenzdenken am Arbeitsplatz ausleben, arbeiten die meisten immer noch schwer daran, sich in dem täglichen Schönheitswettbewerb unter Kolleginnen, Freundinnen, Schwestern und fremden Frauen zu beweisen.

Viele Frauen vergleichen sich mit anderen Frauen. Die Körperbesessenheit wird zu einem täglichen Spiel, bei dem begutachtet wird, wieviel straffer, länger, schlanker, voller, höher oder niedriger angesetzt die Körperteile anderer Frauen im Vergleich zu den eigenen sind! Es wäre eine Lüge, nicht zuzugeben, daß wir andere Frauen hin und wieder auf diese Weise begutachten. Ich bin beispielsweise von der Beinlänge besessen, da meine Beine durch meine genetische Veranlagung recht kurz geraten sind. Flachbrüstige Frauen achten bei anderen Frauen speziell auf die Cup-Größe. Die Großen beneiden die Zierlichen, die Frauen mit schwachem Bindegewebe schielen auf Frauen mit festem Körper, und Rothaarige beneiden Blonde. Die Liste ließe sich beliebig fortsetzen.

Frauen, die sich ständig mit anderen vergleichen, haben im allgemeinen eine recht feste Vorstellung davon, wie der *ideale* Körper aussieht. Wenn Sie schon einmal eine Phase geringer Selbstachtung durchgemacht haben, eine Zeit also, in der man sich besonders gerne mit solchen Dingen beschäftigt, werden Sie wissen, daß die Konzentration auf Idealformen, die wahrscheinlich unerreichbar sind, nur das hoffnungslose Gefühl von Unzulänglichkeit hervorruft.

IHR KÖRPERBILD

Die Psychiater erklären heute einstimmig, daß es in den letzten dreißig Jahren zu einem dramatischen Anstieg von Eßstörungen gekommen ist, was hauptsächlich auf die wachsende Zahl von Frauen (und zunehmend auch von Männern) zurückzuführen ist, die mit ihrem Körper unzufrieden sind.

Der Begriff *Körperbild* bezieht sich auf das innere subjektive Gefühl, das wir gegenüber unserem Körper haben, und damit auf das Bild, das sich andere unserer Meinung nach von uns machen. Unser Körperbild trägt mit dazu bei, wie sich unser Leben entwickelt, denn unsere Einstellung zu uns selbst legt unser Selbstbild und damit unsere Selbstachtung fest. Das Ausmaß dieser Selbstachtung ist entscheidend für das Selbstbewußtsein, mit dem wir Möglichkeiten ergreifen und uns den Herausforderungen des Lebens stellen.

Doch unsere Einstellung gegenüber unserem Körper ist Schwankungen unterworfen. Unser Körperbild verändert sich von Zeit zu Zeit – in besonders großem

Ausmaß beispielsweise in der Pubertät – und kann in einer guten Partnerschaft positiv sein, während dies in einer schlechten Beziehung oder bei Einsamkeit weniger häufig der Fall ist. Alle Frauen sind vor und während der Menstruation mit ihrem Körper weniger zufrieden. Wenn man all diese Wochen, in denen man sich elend fühlt, über die Dauer eines Lebens hinweg zusammenzählt, ergibt dies dreizehn bis vierzehn Jahre mit einem negativen Körperbild, und das haben wir Mutter Natur und ihren Hormonen zu verdanken!

Wenn wir ehrlich sind, müssen wir zugeben, daß wir in bezug auf unser Körperbild völlig irrational sind. Einige Frauen, die von der Idee besessen sind, *dick* zu sein, liegen möglicherweise völlig falsch. Unser Gewicht kann sehr wenig mit dem tatsächlich vorhandenen Körperfett zu tun zu haben – die Hälfte des Körpergewichts bei Frauen besteht sowieso aus Wasser. Wenn wir uns also dick fühlen, eine Diät machen und schnell viel Gewicht verlieren, ist dies wahrscheinlich auf einen Wasserverlust zurückzuführen, während das Körperfett kaum angegriffen wurde.

Wonach streben wir eigentlich bei diesen Versuchen? Wollen wir wie ein Gerippe aussehen? Nur fünf Prozent der Frauen sind so dünn wie die Models in den Hochglanzzeitschriften, und Sie können sich sicherlich vorstellen, wieviel Spaß es machen würde, einen Abend mit ihnen zu verbringen! Im Grunde handelt es sich bei diesen Wesen nicht um richtige Frauen, sondern um eine ganz eigene Art. Dennoch leiden viel zu viele Frauen unter den unrealistischen Zielen, die sie sich für den eigenen Körper setzen, und die Medien unterstützen sie noch darin. In jeder neuen Modesaison konfrontieren sie uns mit einer Armee aus halb verhungerten jungen Dingern, als ob wir alle danach streben sollten, so wie sie auszusehen.

Versuchen Sie doch noch heute, Ihr eigenes Körperbild zu bewerten. Beantworten Sie die Fragen auf der nachfolgenden Seite so, wie Sie sich im Augenblick fühlen, und nicht so, wie Ihnen zumute ist, wenn Sie die Welt umarmen könnten oder wenn Sie völlig am Boden liegen. Versuchen Sie es, und Sie werden herausfinden, ob Sie über ein gesundes Selbstbild verfügen oder ob Sie noch etwas daran arbeiten müssen, um sich selbst und anderen zu beweisen, daß Sie ein wunderbarer Mensch sind.

MASSSTAB FÜR DAS KÖRPERBILD

Für jede Aussage gibt es zwei mögliche Antworten. Kreuzen Sie, je nachdem, ob sie mit der Aussage übereinstimmen oder nicht, diejenige an, die Ihre Gefühle am besten widerspiegelt (A oder B). Geben Sie auf jede Aussage eine Antwort. Wenn Sie sich nicht ganz sicher sind, welche Antwort die richtige ist, wählen Sie die am ehesten zutreffende.

Mogeln Sie nicht, indem Sie die Erläuterung der Bewertung vor Beantwortung aller Fragen lesen. Denken Sie über die einzelnen Aussagen nicht zu sehr nach, und versuchen Sie, so ehrlich wie möglich zu sein.

	Stimmt/Stimmt nicht	
1. Den größten Teil meiner Energie bringe ich für die Kontrolle meines Gewichts auf	A	B
2. Wenn ich mein Leben ändern könnte, würde ich nicht bei meinem Körper anfangen	B	A
3. Ich beneide andere Frauen um ihr gutes Aussehen	A	B
4. Mein Gewicht wird in Zukunft so gut bleiben, wie es ist	B	A
5. Eine Gewichtszunahme kommt für mich nicht in Frage	A	B
6. Es macht mir nichts aus, im Geschäft Badeanzüge anzuprobieren	B	A
7. Es ist gute Selbstdisziplin, Hunger zu ertragen	A	B
8. Ich genieße Intimität	B	A
9. Alles, was meine Schlankheitskur durcheinander bringt, bringt mich ebenfalls durcheinander	A	B
10. Es macht mir nichts aus, an einem Strand voller attraktiver Menschen in Badekleidung zu liegen	B	A

Zählen Sie nun für Ihre Bewertung zusammen, wie oft Sie A oder B angekreuzt haben.

Wenn Sie 7 oder mehr A angekreuzt haben Sie verdienen ein besseres Körperbild. Seien Sie ehrlich: Beschäftigen Sie sich stark mit Schlanksein, Gewicht und Essen? Ich möchte wetten, daß Sie eine feste Vorstellung von Ihrem Gewicht haben und glauben, daß Sie glücklich sein werden, wenn Sie es erreichen. Vielleicht haben Sie früher einmal dieses «Wundergewicht» gehabt. Waren Sie damals wirklich glücklich? Wurde Ihr Leben nicht von dem Dämon Schlankheitskur beherrscht, weil Sie ständig Kalorien gezählt und dadurch Ihre Lebensfreude eingeschränkt haben? Es ist nur natürlich, daß Sie das aufgegeben haben.

Ihr Ziel sollte jetzt kein bestimmtes Gewicht oder eine bestimmte Kleidergröße sein, es sei denn, sie sind so übergewichtig, daß Ihre Gesundheit gefährdet ist. In diesem Buch werden Sie so viele wunderbare Dinge lernen, die Ihnen helfen, großartig auszusehen und sich dementsprechend zu fühlen, daß Sie Ihre Waage nur allzu gern wegwerfen werden.

Wenn die Zahl Ihrer A zwischen 5 und 7 liegt Sie haben zwar wegen Ihres Körpers nicht direkt Depressionen, aber dennoch machen Sie sich das Leben zu schwer. Auch Sie haben viele Diäten hinter sich, durch die Sie Ihren Stoffwechsel möglicherweise so sehr in Unordnung gebracht haben, daß es Ihnen heute schwerer fällt abzunehmen als noch vor ein paar Jahren. Vergessen Sie also alles, was Sie über Kalorien wissen, und denken Sie lieber an eine vernünftige Ernährung, ein gesundes Leben und daran, schön zu sein. Das ist das Mindeste, was Sie verdienen.

Wenn die Zahl der A zwischen 3 und 5 liegt Ihr Körperbild entspricht dem der meisten Frauen, wird aber von Ihrem Selbstbewußtsein beeinflußt. Wenn Sie Probleme im Beruf haben oder wenn eine für Sie wichtige Beziehung nicht nach Wunsch verläuft, schieben Sie sich die Schuld zu. Kopf hoch. Nichts im Leben ist so einfach oder so kompliziert. Wenn es einmal abwärts geht, müssen Sie *unabhängig* von sich selbst und Ihrem Aussehen analysieren, was schiefgelaufen ist. Schauen Sie sich nur einmal all die «schönen Menschen» an, die trotzdem völlig unglücklich sind. Das sollte Sie aufheitern!

Wenn die Zahl der A zwischen 0 und 2 liegt Sie haben sich einen großen Goldstern verdient, denn Sie haben ein großartiges Körperbild. Wahrscheinlich kochen Sie gern und genießen lieber ein Essen mit Freunden, als daß Sie unbedingt in einen Minirock aus Lycra passen wollen. Sie machen keine Schlankheitskuren und haben ein gesundes Selbstbewußtsein. Sie wissen, daß Erfüllung mehr mit Liebe, Lernen und Aktivsein zu tun hat als mit dem Zählen von Kalorien oder damit, sich die Taille einer Neunjährigen zu wünschen. Versuchen Sie, Ihre Begeisterung fürs Leben und Ihre positive Einstellung auch an andere Frauen, die ein schlechteres Körperbild als Sie haben, weiterzugeben.

DAS IMAGE IST WICHTIG

Der Körper ist nur ein Teil des Gesamteindrucks, den Sie auf andere machen. Jetzt wollen wir Ihr persönliches Erscheinungsbild im größeren Kontext untersuchen, um alle Aspekte Ihres Aussehens (Pflege, Frisur und Make-up bis hin zur Kleidung) zu erfassen. Eine etwas fülligere Figur bedeutet einen Reichtum an Möglichkeiten, aber auch an Herausforderungen, was die Kleidung betrifft. Es ist nicht leicht, die passende Größe, das richtige Stück in einer guten Farbe aus einem schönen Stoff in qualitätsvoller Verarbeitung zu finden. Noch schwieriger wird es, wenn Sie sehr beschäftigt sind und keinen Zugang zu Geschäften haben, die Mode in Ihrer Größe, zugeschnitten auf Ihren Geldbeutel, führen.

Ihr Image setzt sich aus vielen Bestandteilen zusammen. Es geht dabei um greifbare Dinge – Ihre Ohrringe etwa, den Schnitt Ihrer Kleidung und die Farbe des Lippenstifts. Doch es beinhaltet auch nichtgreifbare Aspekte, etwa die Art und Weise, wie Sie einen Raum betreten, oder das Selbstbewußtsein in Ihrer Stimme. In diesem Buch konzentrieren wir uns auf die greifbaren Dinge, mit denen Sie aktiv das Beste aus sich machen können. Wenn Sie dann mit Ihrem Aussehen zufrieden sind, ist die Chance groß, daß die nichtgreifbaren Dinge folgen: Sie werden sich selbstbewußter bewegen, Sie werden erhobenen Hauptes auf neue Menschen zugehen, und Sie werden Ihre Meinung äußern, weil Sie wissen, daß Sie es wert sind, gehört zu werden.

Wir wollen nun überprüfen, wie es um Ihr Image bestellt ist. Beantworten Sie die folgenden Fragen, indem Sie Ja oder Nein ankreuzen, und finden Sie heraus, ob Sie sich wirklich gerecht werden.

WIE AUSGEGLICHEN IST IHR IMAGE?

	Ja	Nein
1. Können Sie drei Ihrer besten Merkmale aufführen?	○	○
2. Tragen Sie sowohl Röcke als auch Hosen gerne?	○	○
3. Wenn Sie es sich leisten könnten, würden Sie gerne einen schönen Stoff aussuchen und sich ein Kleidungsstück nach Ihren eigenen Angaben schneidern lassen?	○	○
4. Gehen Sie beim Kleiderkauf in die Abteilung, die Ihrer Größe entspricht?	○	○
5. Pflegen Sie Ihre Haut mit guten Pflegeprodukten, oder gehen Sie sogar hin und wieder zur Kosmetikerin?	○	○
6. Gehen Sie nur dann zum Friseur, wenn sich Ihr Haar nicht mehr bändigen läßt?	○	○
7. Wissen Sie, welche Art von Badeanzügen am vorteilhaftesten für Sie ist?	○	○

8. Wenn Sie Kleidung kaufen, die nicht genau paßt – Sie müßten beispielsweise die nächstgroße Größe wählen, damit das Stück bequemer sitzt, stellen dann aber fest, daß Gesamtlänge und Ärmellänge nicht mehr stimmen –, geben Sie dann etwas mehr

Geld aus, um das Kleidungsstück ändern zu lassen, damit es perfekt sitzt? ○ ○

9. Wenn Sie sich morgens ankleiden, betrachten Sie sich dann in einem Ganzkörperspiegel? ○ ○

10. Setzen Sie Farbe hauptsächlich zur Tarnung ein? ○ ○

11. Sind Accessoires der Schlüssel zu Ihrem Look? ○ ○

12. Brauchen Sie morgens mehr als 10 Minuten, um sich zurechtzumachen (die Zeit für eine Dusche oder ein Bad nicht mit einberechnet)? ○ ○

13. Betrachten Sie Modetrends insgesamt als irrelevant, da Sie in Ihrer Größe nicht immer das Neueste finden können? ○ ○

14. Gehen Sie Anlässen, bei denen formelle Kleidung gefragt ist, aus dem Weg, weil Sie nichts Passendes anzuziehen haben? ○ ○

15. Wenn Freunde Sie zu einer leichten Wandertour in die Toskana einladen, würden Sie dann ablehnen, weil Sie meinen, nicht Schritt halten zu können? ○ ○

16. Haben Sie Schuldgefühle wegen der Geldsummen, die Sie für Ihr Image ausgeben?

DIE ANTWORTEN ZUM FRAGEBOGEN

1. **Ja** Natürlich kennen Sie Ihre besten Merkmale. Warum schon bei drei aufhören zu zählen?

2. **Ja** Ihre Figur sollte Sie nicht daran hindern, Röcke oder Hosen zu tragen. Das einzige Hindernis besteht darin, das richtige Modell zu finden, doch glücklicherweise ändert sich diese Situation heute.

3. **Ja** Sich etwas Besonderes zu leisten, etwas, das Ihnen schmeichelt, Ihnen Freude macht und gleichzeitig Nutzen bringt, könnte die klügere Entscheidung sein, als sich bei einem fruchtlosen Einkaufsbummel zu verausgaben und schließlich ein Stück zu wählen, das doch nicht perfekt ist. Wenn Sie dieses Buch gelesen haben und Ihre besten Farben und Kleidungsstile kennen, können Sie einer guten Schneiderin Anweisungen geben, damit Ihr Traum Wirklichkeit wird.

4. **Ja und Nein** **Nein** wäre die falsche Antwort, wenn Sie sich in bestimmten Kleiderabteilungen herumtreiben, in der Hoffnung, sich in Kleidungsstücke hineinzwängen zu können, die Ihnen nicht schmeicheln. Doch wenn Sie mit **Nein** geantwortet haben, weil Sie sich darüber informieren wollen, wie die neueste Mode zusammengestellt ist, so daß Sie eine Hilfestellung bei der Wahl des aktuellsten Looks in Ihrer eigenen Abteilung haben, bekommen Sie einen Punkt.

5. **Ja** Wenn Sie Ihre Haut pflegen, bedeutet dies, daß Sie die Aufmerksamkeit auf Ihr Gesicht – das Kommunikationszentrum des Menschen – lenken wollen. Einzelheiten dazu, wie man eine strahlende Haut erhält und bewahrt, finden Sie in Kapitel 8.

6. **Nein** Sie sollten Ihrem Haar besondere Aufmerksamkeit widmen. Die Frisur umrahmt das Gesicht und ist potentiell einer Ihrer größten Vorzüge. Tips zur Wahl des besten Frisurenstils finden Sie in Kapitel 8.

7. **Ja** Ihre Figur sollte Sie nicht daran hindern, schwimmen zu gehen oder Ferien in der Sonne zu genießen. Der beste Stil bei der Badebekleidung bedeutet nicht nur, daß der Badanzug paßt Sie müssen lernen, welche Modelle am vorteilhaftesten für Sie sind. Worauf Sie beim Kauf eines Badeanzugs achten sollten, erfahren Sie in Kapitel 5.

8. **Ja** Sie zerstören Ihr Image und verschwenden Ihr Geld, wenn Sie nicht ein wenig mehr ausgeben, um Ihr Outfit perfekt auf *Ihre* Figur abzustimmen. Wie Sie Ihre beste Paßform erreichen, wird detailliert in Kapitel 4 erläutert.

9. **Ja** Sie sollten in der Lage sein, Ihre Erscheinung von Kopf bis Fuß zu bewundern oder zu kritisieren.

10. **Nein** Sie sollten Farben tragen, die Ihnen schmeicheln und die Sie nicht erdrücken.

11. **Ja** Accessoires ziehen genau wie Farbe Aufmerksamkeit auf die Stellen, an denen Sie sie haben wollen. Wenn Sie Ihre besten Merkmale nicht nutzen, lassen Sie Ihr Image im Stich.

12. **Ja** Um im besten Licht zu erscheinen, brauchen Sie mehr als 10 Minuten pro Tag. Sie sollten etwa 20 Minuten für sich aufbringen, und Sie müssen sich keine Gedanken machen, wenn es 30 Minuten sind. Seien Sie lieber stolz darauf, daß Sie sich genug Aufmerksamkeit widmen.

13. **Nein** Natürlich ist es ärgerlich, wenn Sie einen bestimmten Look wollen, ihn aber nicht finden können. In diesem Buch lernen Sie, wie Sie jeden aktuellen Look erzielen können, indem Sie die wichtigsten Merkmale analysieren und ihn dann selbst zusammenstellen.

14. **Nein** Wenn Sie öfter einmal zu einer schicken Party eingeladen werden, sollten Sie die entsprechenden Kleidungsstücke in Ihrem Schrank haben. Besonders wichtig ist es zu lernen, wie Sie die für Ihre Körperform und Persönlichkeit vorteilhafteste Wahl treffen können. Lesen Sie weiter.

15. **Nein** Warum sollten Figur und Fitneß Sie daran hindern, zusammen mit Ihren Freunden Spaß zu haben? Schieben Sie Ihre Figur nicht als Grund vor, an einem Abenteuer nicht teilzunehmen. Wenn Sie für eine gemäßigte körperliche Betätigung nicht fit genug sind, ist es an der Zeit, etwas für sich zu tun. Näheres dazu in Kapitel 9.

16. **Nein** Jede Frau sollte in sich investieren, da ihr Image Auswirkungen auf ihre Selbstachtung und die Reaktionen anderer auf sie hat. Sie brauchen für ein gutes Aussehen keine Unmengen an Geld, aber Sie müssen wissen, wie Sie das Beste aus Ihren Investitionen machen können.

Nachdem Sie sich mit Ihrem Körperbild auseinandergesetzt und herausgefunden haben, wie ausgeglichen Ihr Gesamtimage ist, ist es an der Zeit zu lernen, wie Sie noch mehr aus sich machen können. Sie werden erfahren, welche Kleidungsstücke das meiste aus Ihrer Figur, Ihrer Form und Ihren Porportionen herausholen. Wir werden mit Ihrer Einstellung zu Kleidergrößen, die, wie Sie entdecken werden, völlig relativ sind, beginnen . . . Doch sicherlich müssen Sie davon erst noch überzeugt werden. Lesen Sie also weiter.

KAPITEL 2

Die Körperform, nicht die Größe zählt

Öffnen Sie doch einmal Ihren Kleiderschrank und inspizieren Sie die Größenetiketten in Ihren Röcken. Sind sie alle gleich? Wahrscheinlich nicht. Zwei Röcke in derselben Größe haben Sie vor zwei Jahren in Ihrem Lieblingsgeschäft gekauft. Doch die Röcke aus dem gleichen Laden scheinen in diesem Jahr viel großzügiger geschnitten zu sein. Sie haben nicht abgenommen und wünschten sich, Sie hätten die nächstkleinere Größe gewählt. Dann ist da dieser teure Rock aus Frankreich, bei dem die Zahl auf dem Etikett Ihrer deutschen Größe entspricht, obwohl die französische eigentlich größer sein müßte! Zwei Röcke aus verschiedenen Versandhäusern haben dieselbe Größe, doch beim einen läßt sich der Reißverschluß nur mit Mühe schließen, während der andere Ihnen auch während der kritischen Tage des Monats paßt. Hat Ihnen die Natur etwa einen Streich gespielt?

Wie oft habe ich Entschuldigungen von Frauen über ihren «schlechtgeformten Körper» gehört, der nicht in die Standardgrößen und -formen paßt. «Meine Hüften sind einfach unmöglich. Wenn ich endlich einen passenden Rock finde, ist er an der Taille viel zu weit.» Oder: «Ich muß wegen meines großen Busens größere Jacken kaufen. Natürlich müssen deshalb immer die Ärmel gekürzt werden, und die Schultern sind normalerweise viel zu breit. Aber damit muß ich halt leben.»

Untersuchungen in Großbritannien und Deutschland bestätigen, daß die meisten Frauen unabhängig von ihrer Kleidergröße Schwierigkeiten mit der Paßform haben. Hier liegen die Hauptprobleme:

- Reißverschluß an der Taille läßt sich nicht schließen
- Bund an Rock und Hose schlägt sich um
- Bluse spannt über dem Busen
- Abnäher sitzen an der falschen Stelle
- Rock schiebt sich nach oben, weil er zu eng ist
- Halsausschnitt ist zu weit
- Ärmel sind zu lang, und Schultern sitzen nicht richtig

EINE STANDARDGRÖSSE GIBT ES NICHT

Nur Mut. Mit Ihrem Körper ist alles in Ordnung, aber das Größensystem spielt verrückt. Tatsächlich gibt es in den meisten Ländern keine Standardgrößen. In Großbritannien beispielsweise hat man letztmals in den fünfziger Jahren versucht, eine entsprechende Norm festzulegen. Erinnern Sie sich an die Kinofilme und Dokumentationen aus jener Zeit? Wissen Sie noch, wie dünn die Frauen und Männer waren? Es war Nachkriegszeit, und die Lebensmittel waren rationiert. Es gab keine Fertiggerichte und kein Fastfood, und die Menschen nahmen viel weniger Kalorien zu sich als heute. In den fünfziger Jahren waren die Frauen auch viel aktiver – nicht durch Freizeitbeschäftigungen, sondern weil Hausarbeit, Einkaufen, Kindererziehung usw. sie in Trab hielten. Autos waren selten, und die meisten Menschen gingen überall zu Fuß hin. Ernährung und Lebensstil trugen also dazu bei, daß sich die Frauen damals in Größe und Figur von den Frauen der neunziger Jahre stark unterschieden.

Doch die Körpermaße der fünfziger Jahre bildeten die Grundlage für die Konfektionsgrößen während der letzten vierzig Jahre. Aber stimmt das wirklich? In Tat und Wahrheit haben Designer und Hersteller die Dinge selbst in die Hand genommen, statt darauf zu warten, daß offiziell verbindliche Untersuchungen angestellt wurden. Über die Jahre hinweg haben die meisten von ihnen «Zugeständnisse» an die Grundgrößen gemacht, hier und da Weite und ein paar Zentimeter zugegeben, ohne die Kundinnen in dieses Geheimnis einzuweihen. Aufgrund der Veränderungen beim Stil oder «Look» schränkt der Kleiderschnitt mehr oder weniger ein, was Verwirrung stiftet, wenn man ein Stück mit guter Paßform sucht.

Blau – Typische Figur der Frau Mitte Dreißig in den fünfziger Jahren
Rosa – Typische Figur der Frau Mitte Dreißig in den neunziger Jahren

WIE HABEN WIR UNS VERÄNDERT!

90–60–90 – die Sanduhrform der Phantasie, bei der die Taille mindestens 25 cm weniger Umfang als Brust und Hüften aufweist. Diese Maße entsprachen in Großbritannien in den fünfziger Jahren ursprünglich der Größe 38, als dort zum ersten und einzigen Mal Maß genommen wurde. Es wurden nur drei Maße aufgezeichnet – Brust, Taille und Hüften –, und diese bildeten die Grundlage für das heutige Größensystem.

Im letzten Jahr beschloß das Versandhaus J. D. Williams, bei der Frau von heute neu Maß zu nehmen, da man sich über die hohe Rücksendungsrate bei den Kleidungsstücken aufgrund «falscher Paßform» ärgerte. Man nahm Maß bei über 700 Frauen aus allen Altersgruppen (angefangen bei den Neunzehn- bis hin zu den Neunzigjährigen), die die verschiedensten Größen (38 bis 56) trugen, unterschiedlichster Herkunft waren und an den verschiedensten Orten lebten. Gemessen wurde

JUNGE KLEIDUNG IN GROSSEN GRÖSSEN

Ein weiteres Problem bei der Suche nach der richtigen Größe ist der Unterschied zwischen Kleidung, die für junge Frauen gedacht ist, und der Kleidung für ältere Frauen. Etwas fülligere junge Mädchen verzweifeln, weil sie nicht in die modische Kleidung passen, die in allen Größen immer etwas knapper bemessen ist. Sie kommen nur an eine ordentliche Jeans, wenn sie dieselbe Marke tragen wie ihre Mutter. Für einen Teenager keine berauschende Vorstellung! Im allgemeinen kann man «junge» Kleidung mit preiswerterer Kleidung gleichsetzen. Wenn Kleidung preiswert ist, hat der Hersteller überall gespart, speziell am Stoff und am Zuschnitt.

OBEN LINKS Modische Stilrichtungen, wie sie von schlankeren Teenagern getragen werden, gibt es heute in allen Größen. Doch etwas fülligere Mädchen sollten bei der Wahl ihrer Kleidung darauf achten, daß sie sowohl den vorteilhaftesten als auch den aktuellsten Look wählen.

OBEN RECHTS Alle Teenager übernehmen die Uniform ihrer Altersgenossinnen. Natasha trägt den unter ihresgleichen akzeptierten Look, aber ist er auch vorteilhaft für sie?

UNTEN Jung, aktuell und bequem gekleidet. Perfekt!

an über 70 Körperstellen, um neue Größenmuster festzulegen. Insgesamt wurden 50 765 Maße in den Computer eingegeben, um neue Größen zusammenzustellen.

Zu Anfang traute man den Zahlen nicht. «Das wird einer Frau mit Größe 40 niemals passen!» meinte Vic Ettenfield, die seit vielen Jahren für die Schnittmuster zuständig ist. «Der Schnitt ist ganz anders.» Doch nach ausführlichen Tests mußte sie ihre Meinung revidieren, da die Zahlen aus dem Computer stimmten.

Im Vergleich zu den existierenden Standardgrößen haben die Frauen von heute
- einen größeren, niedriger angesetzten Busen
- eine stärkere Taille
- stärkere Hüften im oberen Bereich
- einen runderen Bauch
- vollere Oberarme
- einen größeren Brustkasten
- einen flacheren Po

Die oben erwähnte Untersuchung führte zu ähnlichen Ergebnissen wie eine in Deutschland durchgeführte, bei der nur zehn Prozent der Bevölkerung angaben, daß sie sich in den Standardgrößen wohl fühlen!

Generell kann man davon ausgehen, daß Kleidermarken von guter Qualität normalerweise großzügiger geschnitten sind. Je teurer beispielsweise amerikanische Marken sind, desto kleiner wird die Größe sein, in die Sie passen. Ja, in manchen Fällen unterscheidet sie sich sogar um bis zu drei Größen von der britischen. Dennoch ist der *Stil* großzügig, weil amerikanische Designer an den Hüften einige Zentimeter zugeben, damit der größere Po der amerikanischen Trägerin hineinpaßt. Amerikanische Kleidungsstücke sind riesig, doch sie geben einem ein großartiges Gefühl, weil die Größen so «klein» sind!

Das führende internationale Einzelhandelsunternehmen Marks & Spencer führte ebenfalls eine eigene Untersuchung des weiblichen Körpers durch und entwarf eine ganz neue Schneiderpuppe, die nach der dreidimensionalen elektronischen Abtastung der Körperform von 155 Frauen entwickelt wurde. Die Schneiderpuppe heißt «Annie Murphy». Sie repräsentiert zurzeit die Durchschnittsfrau und ist Richtschnur für alle Designer und Schnittmusterhersteller des Unternehmens, um die Paßform von Kleidung und Unterwäsche im neuen Stil zu verbessern.

Wenn ich eine Frau in Großbritannien für Fotoaufnahmen einkleiden muß, bekomme ich immer eine genaue Vorstellung von ihrer Größe, wenn ich sie frage, in welcher Rock- oder Kleidergröße von Marks & Spencer sie sich am wohlsten fühlt. Mit diesen Eckdaten kann ich Kleidungsstücke von Marks & Spencer oder jeder anderen Marke aussuchen, indem ich die entsprechenden Größen wähle, und ich weiß, daß sie ihr passen werden. In jedem Land gibt es vergleichbare Marken, die eine verläßliche Richtschnur für die tatsächliche Kleidergröße einer Frau sind.

RICHTEN SIE SICH NACH DER FORM, NICHT NACH DER GRÖSSE

Wenn die Größen so relativ sind, besteht kein Grund, sich wegen seiner Kleidergröße Gedanken zu machen, solange die Paßform stimmt und der Stil vorteilhaft ist.

Im folgenden sind die sechs Körpergrundformen für Frauen ab Größe 42 dargestellt. Um herauszufinden, welche Form am ehesten der Ihren entspricht, befolgen Sie diese Richtlinien:

- Schätzen Sie Ihre Körperform in einem Gymnastikanzug, Body oder Badeanzug ein. Nicht etwa, weil Ihr Anblick in Büstenhalter und Slip zu deprimierend wäre, sondern weil man die Silhouette (den Umriß der Körperform) in einem Einteiler besser beurteilen kann.
- Stellen Sie sich vor einen Ganzkörperspiegel, um einen genauen Gesamteindruck zu erhalten. Die besten Ergebnisse erzielen Sie mit einem guten dreiteiligen Spiegel im Kaufhaus.
- Bitten Sie eine gute Freundin um ihre ehrliche Meinung. Unserer Fähigkeit, uns selbst objektiv zu beurteilen, sind oft Grenzen gesetzt.

ZIEHEN SIE IHREN MASSSTAB IN BETRACHT

Neben der Körpergrundform ziehen Image-Consultants bei der Wahl der besten Größe für eine Frau noch einen weiteren Faktor in Betracht, nämlich den *Maßstab,* der sich aus Körpergröße und Knochenbau zusammensetzt. Wenn eine Frau einen starken Knochenbau hat, sieht sie in locker sitzender Kleidung oder in Kleidungsstücken, die eine Größe über ihrer normalen Größe liegen, immer besser aus. Wir bezeichnen diesen Look als *übergroß.* Eng anliegende Kleidungsstücke wirken besser an Frauen mit zierlicherem Knochenbau.

Die Körpergröße spielt ebenfalls eine Rolle. Dabei geht es nicht nur um gute Paßform, sondern um Ausgewogenheit zwischen Kleidung und Körperbau. Je größer Sie sind, desto mehr schmeicheln Ihnen großzügig geschnittene Kleidungsstücke. Genau wie der Knochenbau kann also auch die Körpergröße zu einem *übergroßen Look* beitragen, das heißt, Sie sehen in größeren Mustern, stärker strukturierten Stoffen und locker sitzender Kleidung besser aus. Kleinere Frauen werden von locker sitzender Kleidung förmlich überwältigt und erzielen unabhängig von ihrer Form in Kleidungsstücken, die stärker auf den Körper geschnitten sind, eine bessere Wirkung. Spezifische Ratschläge zur Verbesserung des Maßstabs der «kleinen, aber gewichtigen» Frau finden Sie in Kapitel 3.

Anhand der nachstehenden Richtlinien können Sie feststellen, ob Ihr Maßstab übergroß ist, was nicht unbedingt mit übergewichtig gleichzusetzen ist. Messen Sie zuerst den Umfang Ihrer Handgelenke, und überprüfen Sie dann Ihre Körpergröße anhand der Tabelle. Wenn der Umfang Ihrer Handgelenke 16 cm und mehr beträgt und Ihr Gewicht dem bei Ihrer Körpergröße aufgeführten entspricht, sind Sie übergroß.

Umfang der Handgelenke 16 cm und mehr

Körpergröße	Gewicht
1,70 m	63–70 kg
1,73 m	65–73 kg
1,75 m	65–75 kg
1,78 m	67–76 kg
1,80 m	68–79 kg
1,83 m	70–80 kg
1,85 m	71–83 kg
1,88 m	72–85 kg

Frauen mit vollerer Figur sind nicht formlos. Aus diesem Grund sollten sie auch keine formlose Kleidung tragen. Wenn Sie Ihre Körperform kennen, können Sie die Kleidungsstile wählen, die Ihre Figur am besten ergänzen.

Wenn Sie sich irgendwo in dieser Tabelle wiederfinden, sind Sie *übergroß*. In diesem Fall haben Sie mehr Freiheit beim Umgang mit Ihrer Körperform als Frauen, die dieselbe Größe tragen, aber kleiner sind und eine vollere Figur haben (auch wenn ihre Form ähnlich wie die Ihre ist). Lesen Sie die Beschreibungen und Ratschläge für alle Körperformen, und achten Sie auf Anpassungen, die Sie aufgrund Ihrer Körpergröße und Ihres stärkeren Knochenbaus vornehmen können.

Die umgekehrte Dreiecksform

DIE UMGEKEHRTE DREIECKSFORM

Berühmte Beispiele   Bette Midler, Jennifer Saunders

Sie haben breite, gerade Schultern und einen vollen Busen – zwei Vorzüge, um die Sie die meisten Frauen beneiden. Doch Sie wissen, daß die Breite im oberen Viertel Ihres Körpers es Ihnen sehr schwermacht, die passende Kleidung zu finden. Zusammen mit einer schmaleren Taille und schmalen Hüften bedeutet dies, daß Ihre Kleidungsstücke für den Oberkörper oft zwei Größen größer sind als die für den unteren Bereich. Sie sind die Königin der Abteilung für Kombinationen!

VERSTECKEN SIE SICH NICHT

Ihre Figur wirkt wunderbar, wenn man Ihre auffallende Silhouette zu Gesicht bekommt. Machen Sie das Beste aus Ihrer schmalen unteren Körperhälfte, indem Sie gut geschnittene Hosen und Röcke tragen, und verstecken Sic sich nie unter Stoffmassen. Wenn Sie ein langes und einfaches Oberteil und im unteren Bereich ein adrett geschnittenes Kleidungsstück tragen, sehen Sie am interessantesten aus.

Da Sie von Natur aus bereits «Schulterpolster» haben, sollten Sie Oberteile oder Jacken meiden, die in diesem Bereich Volumen oder Breite hinzufügen. Raglanärmel anstelle von eingesetzten Ärmeln lenken von den starken Schultern ab, die bei zu starker Betonung maskulin wirken können. Wenn die Stoffe zu steif sind, werden Schultern und Busen betont.

ACHTEN SIE AUF DIE TAILLE

Oft haben Frauen mit Ihrer Figur einen kürzeren Rumpf oder eine kurze Taille. Aus diesem Grund sollten Sie selbst bei straffer Figur auf Taille geschnittene Kleidungsstücke vermeiden, da diese Sie im Bereich des Oberkörpers noch voller erscheinen lassen. Eine einfache Überbluse schmeichelt Ihnen mehr als eine Bluse, die in den Bund gesteckt wird. Wie Sie wissen, wird ein voller Busen immer betont, sobald Sie ein zu stark gegürtetes Kleidungsstück tragen.

JACKEN

Einreihige Jacken machen schlanker als zweireihige, da deren aufsteigendes Revers Ihre Schultern noch breiter und Ihren Busen noch fülliger wirken läßt. Meiden Sie den klassischen Blazer, und wählen Sie statt dessen lieber eine lockere, weniger ausgearbeitete Schnittform. Achten Sie darauf, daß die Jacke an der Taille immer etwas schmaler wird, was für den Hüftbereich sogar noch wichtiger ist. Wenn die Jacke zu kastenförmig ist, kommt Ihre Figur nicht voll zur Geltung.

Da Sie im Verhältnis zu Ihrem Körper wahrscheinlich lange Beine haben, sind längere Jacken vorteilhafter für Sie als kürzere, was auch Ihrem vollen Busen zugute kommt.

RÖCKE

Selbst wenn Sie eine große Größe tragen, sollten Sie weite, gekräuselte Röcke meiden, denn diese verstecken Ihre umwerfende Silhouette. Ihr flacher Po und die schmalen Hüften wirken am besten in geraden Röcken oder Wickelröcken. Natürlich darf der Taillenbund etwas lockerer sitzen. Achten Sie einfach darauf, daß Ihre Kleidung in diesem Bereich nicht zu voluminös ist. Einfache Strickstoffe oder Lycramischungen in einem geraden Schnitt oder mit eingelegten Falten zählen zu Ihren besten Möglichkeiten.

Aufgrund Ihrer Proportionen können Sie auch Röcke mit Details im Saumbereich, etwa Gehfalten, oder Stufenröcke in Betracht ziehen. Für den Abend ist möglicherweise sogar ein ausgestellter Saum geeignet.

HOSEN

Wenn es Ihrem Lebensstil und Ihrer Persönlichkeit entspricht, sind Hosen für Sie im Beruf, in der Freizeit oder am Abend geeignet. Angefangen bei schmalen Leggings bis hin zu Palazzo-Hosen werden Sie in den meisten Hosenstilen großartig aussehen. Tragen Sie sie zusammen mit einfachen, weiten Hemdblusen, langen Pullovern oder Westen, oder wählen Sie für den Abend ein Top aus fließendem Stoff, Spitze oder Satin in Ihrer Lieblingsfarbe.

Ein schmeichelnder, salopper Look für die umgekehrte Dreiecksform.

KLEIDER

Der Kleiderkauf im Kaufhaus endet für Sie wahrscheinlich meistens mit einer gro-ßen Enttäuschung. Wenn das Kleid oben bequem sitzt, ist es im unteren Bereich aufgrund der Stoffmassen zu voluminös. Wenn Sie ein schickes Kleid mit einem einfachen geraden Schnitt finden, sollten Sie es sich kaufen, wenn es von den Hüf-ten bis zum Saum geändert werden kann, so daß es dort schmaler zuläuft.

Ansonsten sollten Sie für Kleider lieber Schnittmuster Ihrer Wahl aussuchen und eine gute Schneiderin finden, die sie entsprechend Ihrer Form abändern kann.

FARBEN UND MUSTER

Sie können sowohl im oberen als auch im unteren Körperbereich die Farben Ihrer Wahl tragen. Während es bei anderen Körperformen angebracht ist, alle Details im oberen Bereich zu tragen, sollten Sie vorsichtig sein und darauf achten, daß sich nicht zu viele Details im Brust- und Schulterbereich befinden. So sollten Ihre Blu-sen beispielsweise keine Applikationen oder Perlenstickereien aufweisen. Wenn Sie gerne Strukturen wie Spitze tragen, sollten Sie auf weiche und fließende Materialien achten. Vermeiden Sie bei Blusen steife, gestärkte Gewebe.

ACCESSOIRES

Halsketten Sie sollten lang und einfach sein. Wenn Sie einen großen Anhänger tragen, wie sie in jüngster Zeit modern waren, könnte man den Eindruck bekom-men, Sie hätten eine dritte Brust! Mehrere Ketten auf einmal oder eine mehrreihige Perlenkette können interessant wirken, ohne zu sehr in den Vordergrund zu rücken.

Broschen Sie brauchen im oberen Bereich keinen zusätzlichen Blickfang und soll-ten Broschen meiden.

Tücher Längliche Tücher oder große Umschlagtücher sind für Sie am besten ge-eignet. Drapieren Sie sie so um den Hals, daß die Enden in zwei senkrechten Farb-spritzern herabhängen.

Gürtel Wenn Sie eine schmale Taille und schlanke Hüften haben, sollten Gürtel locker unterhalb der Taille getragen werden. Kettengürtel oder Schärpen sind be-sonders schmeichelhaft für Ihre Körperform.

Schuhe Da Sie wahrscheinlich im Verhältnis zu Ihrem Körper lange Beine haben, können Sie sich bei Ihren Schuhen ausleben. Stiefel jeder Länge wirken bei Ihrer Körperform ebenfalls attraktiv.

Taschen Große Schultertaschen sind für Sie durchaus angebracht, während klei-nere Modelle bei Ihrer auffallenden Statur leicht lächerlich wirken können.

Die gerade Körperform

Berühmte Beispiele   Allison Moyet, Barbara Bush, Claire Raynor, Vanessa Feltz

Sie haben die populärste Körperform überhaupt. Die Schultern und Hüften der meisten Frauen, die Größe 42 und darüber tragen, haben in etwa dasselbe Maß, während die Taille nicht stark ausgeprägt ist. Oft ist dies auf einen breiten Brustkasten und möglicherweise auf eine kurze Taille zurückzuführen. Diese Frauen gehören außerdem zu dem Typ, der eher in der Körpermitte zunimmt und nicht so sehr an den Schenkeln. Aus diesem Grund haben sie meistens tolle Beine.

Die gerade Körperform kann bei Frauen vorhanden sein, die etwas «übergewichtig» sind, aber auch bei Frauen, die einen stärkeren Knochenbau haben und größer sind. Sie haben einen übergroßen geraden Körper, wenn eines der Profile (Größe, Gewicht, Umfang des Handgelenks) auf Seite 29 auf Sie zutrifft.

Ihre Körperform läßt sich leicht kleiden, vorausgesetzt, Sie akzeptieren Ihre eigenen Merkmale und arbeiten mit ihnen, statt einer Form nachzueifern, die nicht die Ihre ist. Frauen mit geraden Körperformen schwören immer, daß sie im nächsten Leben mit einer Taille wiedergeboren werden!

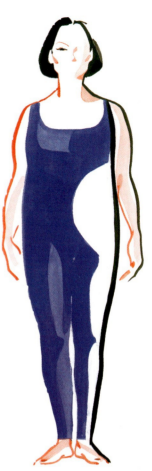

Die gerade Körperform

33

DER SCHLÜSSEL LIEGT IN DER EINFACHHEIT

Ihre Form ist elegant, wenn sie entsprechend Ihren Körperlinien gekleidet wird. Selbst wenn Sie Rüschen und Volants lieben, müssen Sie dem Drang widerstehen, derartig verzierte Hauptkleidungsstücke zu tragen. Solche Details sollten den Ärmelmanschetten oder einem Taschentuch in der Brusttasche vorbehalten sein, speziell dann, wenn Sie nur durchschnittlich groß oder klein sind. Ihrer Körperform schmeicheln elegante, aber dennoch unkomplizierte Schnitte und lockere Linien mehr. Trotzdem können Sie mit schönen Mustern und Strukturen experimentieren, vorausgesetzt, die Schnitte sind einfach.

Wenn Sie ein Typ mit *übergroßem* geradem Körper sind, können Sie mehr Details tragen, aber auch für Sie sind Stücke, die nicht überladen sind, am vorteilhaftesten.

JACKEN

Die schlimmsten Katastrophen in Ihrem Kleiderschrank sind taillierte Jacken (egal, ob kurz oder lang) und alle Stücke mit überzogenen Details, etwa einem Schößchen. Sie können Kleidungsstücke mit Gürtel tragen, vorausgesetzt, es handelt sich um eine weiche Schärpe und nicht um einen festen Gürtel mit Schnalle. Derartige Stücke wirken am besten, wenn der Gürtel etwas unterhalb der natürlichen Taille getragen wird.

Ihre Jacken können ein- oder zweireihig sein, lang und schmal. Es sind sowohl Jacken ohne Schlitze als auch Jacken mit Seitenschlitzen möglich. Wie stark die Polsterung an den Schultern sein sollte, hängt von Ihrer Gesamtgröße ab. Wenn Sie klein bis durchschnittlich groß sind, können leichte Polster dazu beitragen, die Hüften schlanker wirken zu lassen. Wenn Sie groß sind, sollten Sie bei zu starken Polstern vorsichtig sein, da sie Ihnen möglicherweise eine gewisse Strenge verleihen.

Ihrer geraden Silhouette kommt der Schichtenlook entgegen, vorausgesetzt, Sie wählen keine schweren oder voluminösen Teile. Versuchen Sie es mit einem Body, über dem Sie eine Hemdbluse tragen. Ergänzen Sie das Ganze mit einer Weste, die Sie über Ihren Röcken und Hosen tragen. Besonders schmeichelhaft für Sie ist eine lange Jacke im Cardigan-Stil, die Sie zu Röcken oder Hosen tragen (sie kann bis zum Knie oder weiter hinunter reichen).

RÖCKE

Weite Röcke mit Kräuselfalten oder Stufenröcke zerstören Ihre auffallende Silhouette und lassen Sie nur stämmig wirken. Wer will das schon? Röcke mit Gummizugbund sind in Ordnung, vorausgesetzt, sie sind gerade geschnitten. Ein paar Abnäherfältchen zu beiden Seiten des Bauchs sorgen für Bequemlichkeit und sind viel schmeichelnder als ein Taillenbund an einem rundum gekräuselten Rock.

Tragen Sie ruhig einmal Faltenröcke mit niedrig angesetzter Taille oder eingelegten Falten im Gegensatz zu Kellerfalten, die zu «schwer» wirken und Ihre Hüften und Schenkel fülliger wirken lassen, als sie tatsächlich sind.

Wenn Sie groß sind und/oder lange Beine haben, sind lange Röcke neben kürzeren Röcken, die an der vorteilhaftesten Stelle des Beins enden sollten, ebenfalls eine Möglichkeit. Fragen Sie sich einfach, ob es sich lohnt, Ihre Knie zu zeigen oder nicht, und legen Sie dann die beste Länge fest. (Die natürliche Einbuchtung direkt unterhalb des Knies ist oft eine gute Stelle.)

Wenn Sie viel Bauch haben, sollten Sie steife Stoffe wie Gabardine, Leinen oder Denim bei Röcken meiden und lieber ein Material wählen, das lockerer über den Bauch fällt. Obwohl Sie wissen, daß Sie in längeren Oberteilen am besten aussehen, und Sie Ihren Bauch nicht zur Schau stellen wollen, ist es dennoch besser, auf einen bequemen Sitz zu achten.

KLEIDER

Hemdblusen- oder Mantelkleider sind für Sie besonders geeignet, da sie das Beste aus Ihren geraden Linien machen. Wenn Sie sich nach einem Stück mit interessanteren Details sehnen, sollten Sie diesem Drang widerstehen. Probieren Sie es mit einem einfachen Stil in einer tollen Farbe, und arbeiten Sie mit auffälligen Accessoires, damit das Kleid interessanter wirkt.

Ein Modell mit niedrig angesetzter Taille ist eine weitere Alternative, vorausgesetzt, Sie haben keine kurzen Beine.

HOSEN

Klassische, auf Figur geschnittene Hosen stehen Ihnen am besten, aber auch einfache, fließende Hosen mit Gummizugbund und geradem Fall sind für Sie geeignet. Hosen im Jeansstil machen das Beste aus Ihren tollen Beinen, so daß Sie von vielen anderen Frauen, die ebenfalls eine volle Figur haben, beneidet werden. Für einen bequemen Sitz sollten Sie für die Freizeit Jeans und Hosen wählen, deren Stoff eine Lycra-Beimischung enthält.

FARBEN UND MUSTER

Ihre Körpergröße diktiert, wie auffälig die Muster in der unteren Körperhälfte sein dürfen. Wenn Sie Ihre Zweifel haben, sollten die Muster dort nicht zu sehr hervorstechen. Wählen Sie lieber subtile Farbmischungen, so daß der Stoff aus der Ferne einfarbig wirkt, aber bei näherem Hinsehen ein Muster offenbart.

Wenn Sie eine gerade, aber mollige Körperform haben, ist Ihnen im oberen Körperbereich am besten mit ein wenig Struktur in Ihren Blusen und Jacken gedient. Ein doppelgestrickter Stoff mit ein paar Details ist also einem dicken Mohairpullover, der Sie voller aussehen ließe, vorzuziehen. Größere Frauen mit stärkerem Knochenbau können mehr Struktur und größere Muster tragen, doch sollten sie in diesem Fall nicht zu viele Kleidungsstücke aufeinander schichten. Ein dicker Pullover mit einem auffälligen Muster wirkt für sich allein getragen besser als unter einer Jacke oder über einem dicken Polohemd.

ACCESSOIRES

Halsketten   Sie wirken toll an Ihnen, sind aber am schönsten, wenn es sich dabei um schlichte, aber wirkungsvolle Stücke handelt. Je länger die Kette, desto besser.

Broschen   Sie sollten geometrisch statt rund und nicht zu traditionell sein. Sie wollen ja Ihre eckigen Linien unterstreichen, was Ihnen mit auffälligen Stücken am besten gelingt. Die Größe von Broschen und anderen schmückenden Accessoires

Lange einreihige Jacken sind
für die gerade Körperform am
besten geeignet. Wenn Sie
schöne Beine haben, sollten Sie
sie mit einfachen, geraden
Röcken vorzeigen.

sollte Ihrer Größe entsprechen. Je größer Sie sind, desto mehr Schmuckstücke können Sie auf einmal tragen.

Tücher Wenn Sie einen langen Hals haben und Ihr Busen nicht zu füllig ist, verwenden Sie Tücher, um Ihre einfachen Tops und eleganten Jacken interessanter zu gestalten.

Gürtel Verzichten Sie lieber ganz auf Gürtel, wenn Ihr Taillenbereich füllig ist. Bei schlanker Taille sollte der Gürtel dieselbe Farbe wie Ihr Rock haben, oder Sie tragen ihn im unteren Hüftbereich über Ihren Blusen.

Schuhe Ihre Schuhe sollten Ihrem eleganten Stil entsprechen. Seien Sie hier nicht nachlässig. Für Sie sind flache Schuhe oder Schuhe mit Absätzen (allerdings nicht sehr hohen) geeignet.

Handtaschen Große, legere Taschen harmonieren nicht mit Ihrer auffallenden, geraden Statur. Achten Sie bei Umschlagtaschen auf einen eleganten Stil, oder tragen Sie einen gut gestalteten Shopper über der Schulter.

Die Sanduhrform

DIE SANDUHRFORM

Berühmte Beispiele Oprah Winfrey, Natalie Cole, Sophia Loren, «Bet Lynch» (Julie Goodyear)

Auch wenn Sie ein paar Pfund zuviel mit sich herumschleppen, haben Sie dennoch eine gut konturierte weibliche Form mit vollem Busen, betonter Taille und vollen Hüften. Busen und Hüften haben in etwa denselben Umfang, und Ihre Taille ist mindestens 20 cm schlanker. Für Ihren besten und schlankesten Look ist es erforderlich, daß Sie diese Merkmale betonen, statt sie zu verstecken. Das bedeutet natürlich nicht, daß Sie enge oder einengende Kleidungsstücke tragen sollten, die Ihnen nach ein paar Stunden nur Qualen bereiten. Nein, richten Sie sich ganz einfach danach, daß der Schnitt Ihrer Kleidung den Konturen Ihres Körpers folgt.

ZEIGEN SIE IHRE TAILLE

Ihre Taille ist ein wichtiges Merkmal Ihrer Körperform, und sie sollte zur Schaffung Ihres besten Looks betont werden. Obwohl Sie eine große Kleidergröße tragen, sollten all Ihre Kleidungsstücke grundsätzlich an der Taille schmaler zulaufen. Tun sie es nicht, wird man glauben, daß Sie einen dicken Bauch verstecken, so daß Sie viel fülliger aussehen, als Sie in Wirklichkeit sind.

JACKEN

Wählen Sie für Ihre Jacken einen taillierten weiblichen Schnitt. Wenn Sie einen vollen Busen haben, sollte das Styling im Bereich der Brust minimal sein. Leicht taillierte Schnitte sind stark auf Figur geschnittenen Jakken vorzuziehen. Wenn Ihr Busen durchschnittlich groß ist und Sie eine kleinere Größe (42–44) tragen, können Sie eine stärker taillierte Jacke wählen, die an allen richtigen Stellen Abnäher hat, damit Ihre weiblichen Konturen zur Geltung kommen.

Wenn Sie eine Sanduhrform haben und groß sind, sollten Sie bei enganliegenden Kleidungsstücken vor-

Modisch und wohlgeformt!
Es ist für alle Frauen mit
einer Sanduhrform möglich,
so auszusehen, vorausgesetzt,
der Stoff ist weich und die
Paßform stimmt.

sichtig sein. Denken Sie daran, daß ein locker anliegendes Stück weiblicher wirkt und Sie schlanker erscheinen läßt. Falls Ihre Proportionen es zulassen (das heißt, wenn Sie keine kurze Taille haben), können Sie für offiziellere Anlässe eine Jacke mit Schößchen in Betracht ziehen.

Die Stoffe für Ihre Jacken können strukturiert sein (Tweed, Samtjacquard oder Wildleder), vorausgesetzt, sie sind nicht zu steif. Wollcrêpe, Strickstoffe und schwere Seidenstoffe (beispielsweise geschmirgelte Seide) fallen wirkungsvoller über Ihre kurvige Figur, ohne Ihre Silhouette zu verbreitern.

Die Jackenlänge hängt davon ab, wie ausgeprägt Ihr Po ist. Wenn er hervorsteht, sollte die Jacke die Hüften bedecken. Wenn er nicht so stark ist, können Sie sich für kurze oder längere Jacken entscheiden.

RÖCKE

Für Ihre weiblichen Formen sind entweder gerade oder leicht gekräuselte Röcke geeignet. Der Sarongstil oder weich gewickelte Röcke wirken besonders schön. Sie sollten besonders auf Bewegungsfreiheit im Bereich von Hüften und Bauch achten. Wenn der Rock keinen Gummizugbund aufweist, sollten weiche Kräuselfalten nur vorn oder hinten vorhanden sein. Seitenfalten zu beiden Seiten des Bauchs bieten Ihnen ebenfalls die nötige Bequemlichkeit.

Probieren Sic einen gerade geschnittenen Rock unbedingt an, bevor Sie ihn kaufen. Setzen Sie sich ein, zwei Minuten mit dem Rock hin. Wenn er sich im Sitzen hochzieht, ist sein Schnitt für Ihre Körperform zu knapp (er paßt wahrscheinlich besser zu der geraden Körperform). Bilden sich im Sitzen waagrechte «Dehnfalten», die nach dem Aufstehen im Stoff als Falten sichtbar bleiben, ist der Schnitt und/ oder der Stoff für Sie nicht geeignet. Möglicherweise können Sie einige gerade Röcke mit Gummizug im Rücken oder an den Seiten tragen, doch der Stoff sollte locker über Ihre Kurven fallen.

Lange und weite Stufen- oder Faltenröcke wirken an Ihnen attraktiver als deutlich ausgestellte Röcke in A-Linie, die die Aufmerksamkeit von Ihren vorteilhaftesten Bereichen in der oberen Körperhälfte weglenken.

HOSEN

Um das Beste aus Ihrer Figur zu machen, sollten Sie gerade, klassisch geschnittene Hosen aus festgewebten Materialien vermeiden, da diese Sie nur stämmig wirken lassen, statt Ihre Kurven zu unterstreichen. Weiche Wollstoffe, Seiden- oder Baumwoll/Wolljersey, Strickstoffe und gewaschene Seide fallen am schönsten über Ihre Figur.

Selbst wenn die Hosen keine Gürtelschlaufen haben, sollten Sie den Hosenabschluß mit einem Gürtel betonen, um Ihre Taille zu akzentuieren. Wenn Sie gerne bequeme Hemdblusen über Ihren Hosen tragen, sollten Sie sie ebenfalls mit einem Gürtel betonen, um eine schöne Wirkung zu erzielen.

KLEIDER

Die Sanduhr-Körperform ist perfekt für Kleider geeignet, wenn diese zur Persönlichkeit und zum Lebensstil der Trägerin passen. Bei der Arbeit bieten sie eine willkommene Abwechslung zu Kombinationen und sind zudem sehr bequem. Denken Sie immer daran, sie im Büro zusammen mit einer Jacke zu tragen, um professionell zu wirken.

Sie können Mantelkleider tragen, wenn sie aus weicheren Stoffen gearbeitet sind und (durch eine Schärpe oder einen Riegel) eine angedeutete Taille aufweisen. Noch besser sind jedoch Hemdblusenkleider oder weiche Wickelkleider, für die immer ein Gürtel erforderlich ist.

FARBEN UND MUSTER

Wenn Sie Muster mögen, gibt es dafür zwei Einsatzmöglichkeiten. Muster können wirkungsvoll in einem einzelnen Stück, etwa in einer Bluse unter einer Jacke, in einem schönen Tuch vor einfarbigem Hintergrund oder in der Jacke zur Geltung kommen, wenn Bluse und Rock einfarbig sind. Auf diese Weise konzentriert sich das Auge auf den Bereich, den Sie für den vorteilhaftesten halten. Wenn sich dieser in der oberen Körperhälfte befindet, wird zusätzlich die Aufmerksamkeit auf Ihr Gesicht gelenkt.

Muster können aber auch in Form eines zweiteiligen Kleides oder einer langen Weste mit passender Hose getragen werden. Wenn Sie Muster von Kopf bis Fuß tragen, sollten diese nicht zu groß oder auffällig sein (wie beispielsweise eine ungewöhnliche Farbkombination). Im letzteren Fall würde die ganze Aufmerksamkeit auf das wilde Muster gelenkt, während man Sie völlig übersehen würde. Subtile Muster von durch-

OBEN Schnitte und Proportionen sollten stimmen. Karos können über Rundungen ihre Form verlieren, was nicht besonders vorteilhaft wirkt.

UNTEN Natürlich können Sie gemusterte Röcke tragen. Das Foto zeigt, wie Sie sie wirkungsvoll mit anderen Stücken kombinieren.

schnittlichem Maßstab (nicht zu klein) in Ihren besten Farben sind für Sie am vorteilhaftesten.

Dasselbe trifft für Ihre hellsten Farben zu. Konzentrieren Sie sie auf Bereiche, in denen Sie Aufmerksamkeit wünschen. Genau wie bei den Mustern vermeiden Sie die leuchtendsten und hellsten Farben in Ihren Hosen und Röcken. In monochromen Farbmischungen (das heißt, verschiedene Schattierungen derselben Farbe werden aufeinander abgestimmt getragen) sehen Sie besonders elegant aus. Tragen Sie beispielsweise eine marineblaue Hose zu einer blaugrauen Jacke und Bluse, die mit einem schönen Tuch in den verschiedensten Blau- und Grautönen betont wird.

ACCESSOIRES

Halsketten   Kurze bis mittellange Ketten schmeicheln Ihnen am meisten. Wenn Ihr Busen nicht zu voll ist, können Sie längere Ketten tragen.

Broschen   Sie sind attraktiv, wenn Sie ein ganz einfaches Kleid oder eine einfache Jacke tragen. Tragen Sie nur dann gleichzeitig eine Kette *und* Ohrringe dazu, wenn Sie durchschnittlich groß oder groß sind. Falls Sie sich nicht ganz sicher sind, tragen Sie nur ein Paar Ohrringe zu der Brosche.

Tücher   Diese sollten nur aus sehr weichen Woll- und Crêpestoffen sein. Lernen Sie, wie Sie sie raffiniert zu einer einfachen Bluse tragen können. Sie sollten jedoch nicht zu erfinderisch sein und sie zu Schleifen und großen Knoten binden, da diese nur von Ihrer Figur ablenken würden.

Gürtel   Sie sind der Schlüssel zu Ihrem Look. Versuchen Sie es mit weichen Leder- und Stoffgürteln, die Sie selbst binden können, anstelle von Gürteln mit klobigen, schweren Metallschnallen. Kettengürtel sind ebenfalls eine Möglichkeit. Wählen Sie einfach einen, der Ihrer Figur entspricht. Wenn er zu zierlich ist, paßt er nicht zu Ihrer Statur.

Schuhe   Da Sie mit Ihrem Look Ihre weiblichen Konturen betonen, würde grobes, schweres Schuhwerk nur von ihnen ablenken. Wählen Sie feinere Schuhe, die jedoch wiederum nicht zu zierlich für Ihre Statur sein dürfen. Auch sehr dünne oder sehr hohe Absätze sind ungeeignet.

Handtaschen   Vermeiden Sie steife, kastenförmige Taschen. Im Beruf könnten Sie anstelle einer eckigen Aktentasche eine Tasche im Stil eines Shoppers benutzen. Für den Abend ist der Pompadour wie geschaffen für Sie.

DIE BIRNENFORM

Berühmte Beispiele   Whoopi Goldberg, Erica Jong, Su Pollard, Penelope Keith

Eine Frau mit birnenförmiger Figur erkennt Ihre Körperform schneller als jeder andere Typ. Sie mußte schon immer mit vollen Hüften und Oberschenkeln leben, so daß die Kleidergröße für den unteren Körperbereich oft eine, zwei oder sogar drei Nummern größer als für den Oberkörper ist. Fassen Sie Mut. Aufgrund der Verteilung Ihres Gewichts wird Ihr Herz weniger stark beansprucht als bei Frauen, die eine dicke Taille, aber schlanke Oberschenkel haben. Dies ist also ein großer Vorteil.

Bei manchen Frauen entwickelt sich die Birnenform mit zunehmendem Alter. Untersuchungen belegen, daß viele Frauen nach mehreren Geburten und nach den Wechseljahren an Hüften und Schenkeln Gewicht und damit Zentimeter zulegen. Ihre Körperform ist also sehr natürlich und weiblich, obwohl sie Sie bei der Kleidung vor gewisse Schwierigkeiten stellt.

Die Birnenform ist genau wie alle anderen Körperformen eine um so größere Herausforderung, wenn Sie klein sind. Je größer Sie sind, desto leichter ist es, den Unterschied zwischen oberer und unterer Körperhälfte optisch auszugleichen; sehr große Frauen andererseits können große Probleme haben, wenn es darum geht, die richtige Länge zu bestimmen.

IMMER DER REIHE NACH

Wenn Sie sich ein neues Kleidungsstück kaufen wollen, ist es klug, von unten nach oben vorzugehen. Fragen Sie sich, ob Sie einen Rock oder eine Hose als Grundlage wollen, und machen Sie sich dann auf die Suche.

Wenn Sie den richtigen Stoff und den geeigneten Schnitt gefunden haben, können Sie ein dazu passendes schickes Oberteil suchen. Es ist reine Zeitverschwendung, sich in ein tolles Oberteil zu verlieben und dann nicht die passende Hose oder den passenden

Die Birnenform

43
·····

Rock zur Vervollständigung des Looks zu finden. Natürlich sollten Sie sich von Jakken und Tops inspirieren lassen, aber halten Sie sich beim Kauf zurück, bis Sie das Teil für die untere Körperhälfte gefunden haben.

RÖCKE

Wählen Sie weich gekräuselte, etwas weitere Röcke für die breite Hüftpartie. Am bequemsten sitzen sie in der Taille, wenn sie teilweise oder ganz mit einem Gummizug versehen sind, so daß der Bund nicht verrutscht. Ein normaler Taillenbund wäre um Zentimeter zu weit, da Sie wegen Ihrer starken Hüften Röcke in einer größeren Größe brauchen. Selbst wenn Sie den Taillenbund enger nähen, «enthüllen» gerade geschnittene Röcke einen breiteren Po stärker als ein lockerer Schnitt.

Vermeiden Sie ausgestellte Röcke in A-Linie, die Sie breiter und kleiner wirken lassen. Kurze oder knielange kastenförmige Röcke sind ebenfalls nicht besonders vorteilhaft. Nehmen Sie einen Rock aus dem Schrank, und versuchen Sie es mit folgendem Trick: Mit ein paar Stecknadeln stecken Sie die Seitennähte so fest, daß sich der Rock von der Mitte der Oberschenkel bis hin zum Saum leicht verjüngt. Sie werden überrascht sein, wie schlank dies macht.

Um eine besonders schöne Wirkung zu erzielen, tragen Sie Ihre Röcke oder Hosen nicht mit einem in den Bund gesteckten Oberteil für sich allein. Eine lange Jakke, eine Weste oder eine Strickjacke schmeichelt der Figur und hilft, die obere Körperhälfte etwas «aufzubauen», damit die untere Hälfte besser ausgeglichen wird.

HOSEN

44
· · · · ·

Ich muß Ihnen nicht erst sagen, wie schwer es für Sie ist, gut sitzende Hosen zu finden. Sie müssen herumprobieren, bis Sie schließlich die richtige Marke für sich entdecken. Wenn Sie eine schöne Hose finden, die Ihnen schmeichelt und von guter Qualität ist, sollten Sie lieber gleich zwei kaufen.

Genau wie bei den Röcken ist es wichtig, daß Hosen gleich von Anfang an richtig an Hüften, Bauch und Po passen. Klassisch geschnittene Hosen sind für Ihre Körperform nur selten geeignet. Versuchen Sie es mit unkomplizierten Schnitten mit einem einfachen Gummizugbund und viel Weite, so daß die Hose über den Oberschenkeln locker sitzt. Eine Hose mit lockerem Sitz läßt Sie immer schlanker wirken als eine enge Paßform. Ziehen Sie einen Hosenrock anstelle von Hosen in Betracht, aber vermeiden Sie schwere Stoffe wie Denim oder Cord, die Sie nur schwerer wirken lassen. Strickstoffe, Jersey und Viskose fallen viel schöner.

Wie bei Ihren Röcken tragen Sie zu Ihren Hosen und Hosenröcken auch eine Bluse und dann eine weitere Schicht – Weste, Umschlagtuch, lange Strickjacke oder Jacke –, um Ihre beste Wirkung zu erzielen.

GEGENÜBER Wo ist denn da die Birnenform geblieben? Durch kontrastierende Farben im oberen Bereich und ein locker sitzendes, dunkleres Unterteil erzielen Sie Ihren besten Look.

JACKEN

Probieren Sie aus Ihrer Garderobe eine Jacke an, die Sie nicht mögen. Ich wette, Sie wissen, warum die Jacke an Ihnen nicht wirkt. Wahrscheinlich reicht sie nur bis zum Po oder zu den Oberschenkeln, wo Sie am breitesten sind, so daß Sie noch fülliger aussehen.

Schulterbereich und Länge sind bei der Birnenform der Schlüssel für einen erfolgreichen Look bei Jacken. Wenn Sie kleingewachsen sind, müssen Sie vor allem darauf achten, daß Sie bei dem Versuch, den Po zu bedecken, von langen Jacken und Röcken nicht erdrückt werden. Wenn Sie eine schöne Taille haben (ein Vorzug

OBEN Bei der Wahl einer Jacke sollten Sie auf die Knöpfe achten – auffällige, kontrastierende oder metallene Knöpfe an zweireihigen Jacken ziehen das Auge auf sich und können Sie breiter wirken lassen.

LINKS Einreihige Jacken machen immer schlanker.

von vielen Frauen mit Birnenform), sollte die Jacke an der Hüfte enden. Wählen Sie darüber hinaus einen Jackenstil, der leicht tailliert ist, so daß Ihre Taille betont wird.

Durchschnittlich große bis große Frauen mit Birnenform wirken immer besser in einer längeren Jacke. Sie sollte so lang sein, daß sie knapp unterhalb des breitesten Punktes an den Oberschenkeln endet. Sie werden überrascht sein, wieviel das ausmacht. Doppelreiher mit auffälligen Knöpfen lassen Sie genau dort breiter erscheinen, wo Sie es nicht wünschen. Dies trifft auch auf Jackentaschen zu. Details sollten sich oberhalb der Taille befinden, so daß sie das Auge nach oben und nach außen lenken – eine Brusttasche, ein breites Revers, Epauletten, eine geraffte Schulterpartie, breite Kragen usw.

Verlassen Sie das Haus nie ohne Schulterpolster! Die Natur hat Sie im Schulterbereich möglicherweise nicht ausreichend bedacht, das heißt, Sie haben entweder schmale oder ziemlich abfallende Schultern. Keine Sorge. Schwören Sie sich einfach, sie niemals öffentlich zu zeigen. Eine Ausnahme bildet natürlich Ihre Freizeit, wenn Sie nur mit Ihren Familienangehörigen zu Hause zusammen sind oder das Strandleben genießen.

Schmale Schultern werden am wirkungsvollsten versteckt, indem man immer Schulterpolster trägt. Sie haben richtig gelesen – *immer*. Die Frage, ob Schulterpolster gerade in sind oder nicht, spielt für Sie überhaupt keine Rolle. Doch tragen Sie nicht irgendwelche Schulterpolster, wie sie beispielsweise Mitte der achtziger Jahre modern waren. Sie sind viel zu auffällig. Ihre Schulterpolster sollten diskret und kaum wahrnehmbar sein.

Obwohl Sie versucht sein könnten, eine Jacke in Ihrer richtigen Größe zu kaufen (die ein oder zwei Größen kleiner als die Größe für die untere Körperhälfte sein könnte), sollten Sie dem widerstehen. Versuchen Sie es statt dessen mit der nächstgrößeren Größe. Eine größere Jacke wird lockerer sitzen, sie wird etwas breiter als die eigenen Schultern sein (die Lücke können Sie mit den Schulterpolstern auffüllen), aber um die Hüften herum, dort wo es nötig ist, wird sie besser passen. Eine eher lockere Paßform in der oberen Körperhälfte trägt immer dazu bei, den Unterschied zur unteren Körperhälfte auszugleichen, so daß Ihr Körper gar nicht so birnenförmig wirkt! Lassen Sie, falls nötig, immer die Ärmel kürzen, damit sie perfekt sitzen.

KLEIDER

Der Unterschied zwischen der oberen und der unteren Körperhälfte macht es in bezug auf Paßform und Eleganz schwierig, etwas anderes als Zweiteiler zu tragen. Wenn Sie gerne einteilige Kleider anziehen, sollten Sie sich eine Schneiderin suchen, die den perfekten Schnitt für Sie findet (einige der hier aufgeführten Tips können dabei hilfreich sein). Dies trifft übrigens für alle Körperformen mit ähnlichen Problemen zu.

FARBEN UND MUSTER

Farben sollten Ihnen nicht egal sein, da sie für Ihren Gesamtlook wichtig sind. Tragen Sie im unteren Körperbereich mittlere bis dunkle, einfarbige Töne, aber niemals helle oder auffällige Farben. Um die Aufmerksamkeit auf die obere Körperhälfte zu lenken, setzen Sie dort Farben, Muster und Struktur ein.

ACCESSOIRES

Halsketten Kurze bis mittellange Halsketten lenken die Aufmerksamkeit in die Nähe des Gesichts.

Broschen Sie wirken toll, wenn sie weit oben und eher in Schulternähe getragen werden statt auf dem Revers. Dies lenkt das Augen nach «außen», so daß Ihre Schultern breiter wirken.

Tücher Sie werden am besten waagrecht über die Schultern drapiert. Wenn Sie Angst haben, daß sie rutschen könnten, sichern Sie sie mit einer Brosche.

Gürtel Wenn es sich lohnt, die Taille zu betonen, sollten Sie dies unbedingt tun. Wählen Sie neutrale Farben, die zu Ihren Röcken und Hosen passen.

Schuhe Da Strümpfe und Strumpfhosen passend zu Ihren Röcken immer einen mittleren bis dunklen Farbton haben sollten, wählen Sie Modelle, die Ihre Beine lang und schlank wirken lassen. Vermeiden Sie schwere Riemchen oder Schnallen. Mattes Leder und Wildleder wirken besser als glänzende Materialien.

Handtaschen Wenn Ihre Hüften schlanker wirken sollen, sollten Sie Schultertaschen vermeiden, die in diesem Bereich enden. Handtaschen oder Unterarmtaschen sind vielleicht nicht so funktional, sehen aber schön aus.

DIE APFELFORM

Berühmte Beispiele   Roseanne Barr, Dawn French

Sie tragen Ihr Gewicht besonders im Bereich zwischen Schultern und Hüften. Von vorne und von der Seite betrachtet haben Sie einen rundlichen Rumpf, der mit gekrümmten Schultern und einem gerundeten Rücken beginnt. Die meisten Frauen mit Apfelform haben daher wenig Taille. Oft sind Brust und Taille fast miteinander «verbunden» und haben scheinbar denselben Umfang.

Doch das große Plus bei den meisten Frauen mit Apfelform sind die Beine, die oft lang, schlank und wohlgeformt sind. Wenn es sich also lohnt, Ihre Beine zu zeigen, sollten Sie keinesfalls blickdichte Strümpfe tragen!

IHRE WAHLMÖGLICHKEITEN SIND BEGRENZT

Sie werden Spaß an der Mode haben, sobald Sie sich mit der Beschränkung auf Kleidungsstile, in denen Sie großartig wirken, abfinden. Das ist kein Widerspruch. Sie können tatsächlich modisch und aktuell gekleidet aussehen, auch wenn Sie immer dieselben Grundformen wählen. Wichtig ist, daß Sie immer wieder neu aussehen, indem Sie die Farben und Strukturen wechseln und sie durch Accessoires gekonnt ergänzen.

JACKEN

In Ihrer Größe gibt es viele Stilmöglichkeiten, doch Sie sollten alle bis auf die lange, gerade Jacke im einreihigen, kragenlosen «Cardigan»-Stil ignorieren. In solchen Jacken wirken Sie elegant und schlanker. Wenn die Jacke knapp über dem Knie oder dem Rock endet, kann sie ein paar Taschen als Detail aufweisen, da Ihre Schenkel nicht zu kräftig sind.

Wenn die Jacke zugeknöpft ist, sollten Sie sich frei in ihr bewegen können. Ist dies nicht der Fall, wählen Sie die nächstgrößere Größe oder versuchen Sie es mit

Die Apfelform

49
· · · · ·

einem anderen Stoff. Da Frauen Ihrer Statur oft einen vollen Busen haben, überprüfen Sie die Position der Knöpfe und achten Sie darauf, daß sich kein Knopf auf der Höhe der Brustwarzen befindet, da Ihr Busen dann noch voller wirken würde. Knöpfe ober- und unterhalb der Stelle, an der Ihre Brust am vollsten ist, wirken am vorteilhaftesten.

Jacken mit niedrig angesetztem oder ohne Kragen sind solchen mit hohem, weitem oder auffallendem Kragen vorzuziehen, da diese Ihren Hals voller und kürzer erscheinen lassen.

RÖCKE
Gerade Röcke mit Gummizugbund geben Ihnen die gewünschte Bequemlichkeit und machen gleichzeitig das Beste aus Ihren schlanken Beinen. Wegen Ihrer kurzen, fülligen Taille sollten Sie nie einen Rock ohne Überbluse, Cardigan oder Jacke tragen.

Röcke in kurzen Längen machen schlanker als längere Röcke, doch Sie sollten zur Abwechslung auch einmal lange Röcke tragen, besonders dann, wenn Sie durchschnittlich groß oder groß sind. Längere Röcke sollten schmal geschnitten sein. Ein langer Wickelrock beispielsweise oder ein einfacher gerader Rock mit einem dramatischen Schlitz sind eine gute Wahl für den Abend. Besonders geeignet für Sie sind Röcke aus einem leichten Stoff mit schmalen, eingelegten Falten, die sich schwingend mit Ihnen bewegen, aber eine gerade Linie bilden, wenn Sie stillstehen.

Am besten vermeiden Sie sehr weite Röcke, Stufenröcke oder ausgestellte Röcke, die Ihre schlanke untere Körperhälfte verstecken, so daß Sie vom Hals bis zu den Fußknöcheln füllig wirken würden. Eine weitere Rockvariation, die Ihnen schmeichelt, ist der Hosenrock. Wenn der Stoff weich ist, können Sie speziell bei Ihrer Freizeitkleidung bequemen Sitz und Spaß miteinander verbinden. Achten Sie lediglich darauf, daß die Kräuselung nicht zu stark oder der Stoff nicht zu voluminös ist.

HOSEN
Sie haben mehr Möglichkeiten als andere Frauen mit kurvigeren Hüften und vollerem Po, da Ihr Po- und Hüftbereich im Grunde flach ist. Achten Sie darauf, daß die Hose in der Taille bequem sitzt und in einer einfachen, geraden Linie herabfällt. Leggings oder Steghosen mit einer bunten Überbluse oder einem großen Pullover wirken ebenfalls gut an Ihnen.

Hosen, die unten am Saum etwas schmaler werden, können Ihren Körper strecken. Weiter geschnittene Hosen sind ebenfalls möglich, solange Sie sich von den übertrieben weiten Palazzo-Hosen oder ausgestellten Hosen fernhalten.

KLEIDER
Wählen Sie einfache, locker sitzende Kleider ohne auffällige Details im Taillenbereich. Seien Sie sich selbst gegenüber ehrlich bei der Beurteilung, wie ein Kleid

51
. . . . .

Ihre Oberteile sollten bequem
und lang sein.

für sich alleine wirkt. Wenn es Ihre Körperform zu sehr betont – wenn also aufgrund des Schnitts offensichtlich ist, daß Sie um die Körpermitte herum etwas breiter sind –, tragen Sie das Kleid zusammen mit einem langen Oberteil. Zweiteilige Strickkleider sind schön, wenn das Oberteil locker sitzt und lang ist und der Rock sehr einfach gehalten ist.

FARBEN UND MUSTER

Am effektivsten wirken Farben bei Ihrer Körperform, wenn Sie Ober- und Unterteil in derselben Farbe tragen, vorzugsweise in einem mittleren bis dunklen Ton, der aus Ihrer Farbpalette stammen sollte (Näheres dazu in Kapitel 6). Ihre Überbluse oder Jacke kann dann leuchtend bunt, hell oder gemustert sein.

Seien Sie bei den Stoffen nicht zurückhaltend. Wenn die Schnitte einfach sind, sollten Sie auf hübsche Muster und Stoffe achten. Zuviel Struktur sollten Sie allerdings vermeiden: Flauschige Stoffe (beispielsweise Mohair) oder gekünstelte Details wie Perlen und Applikationen lassen Sie fülliger wirken.

Für den Abend sollten Sie ein Oberteil aus Pannésamt oder eine Satinjacke in Betracht ziehen, um das Beste aus den Hosen und Röcken Ihrer Grundgarderobe zu machen. Wenn Sie nichts Passendes finden, sollten Sie sich einen schönen Stoff kaufen und eine verständnisvolle Schneiderin suchen, die Ihnen das Gewünschte näht. In der Zeitschrift *Vogue* finden Sie in jeder Saison einige schöne Grundformen, die sich leicht anpassen lassen. An einem speziellen Oberteil, das genau für Sie gearbeitet wurde, werden Sie jahrelang Freude haben.

52 ACCESSOIRES

Halsketten   Sie müssen immer lang sein. Tragen Sie verschiedene Ketten oder mehrere Perlenstränge gleichzeitig.

Broschen   Im oberen Bereich sind Sie füllig und können dort auf Details verzichten, es sei denn, Sie haben einige unauffällige Lieblingsschmuckstücke.

Tücher   Längliche Tücher, die einfach um den Hals geschlungen oder knapp unterhalb des Busens verknotet werden, machen Ihre modische Grundgarderobe interessanter und farbiger.

Gürtel   An dieser Stelle können Sie Geld sparen, denn Sie brauchen keinen einzigen Gürtel!

Schuhe   Ihre Beine verdienen es, vorgezeigt zu werden. Gönnen Sie sich elegante Schuhe mit flachen oder niedrigen Absätzen in der besten für Sie erschwinglichen Qualität.

Handtaschen   Wählen Sie Schultertaschen mittlerer Größe (keine großen oder klobigen Taschen), die im unteren Hüftbereich enden. Schultertaschen mit kurzen Griffen, wie sie zum Einkaufen verwendet werden, sind für Sie nicht geeignet, da sie den Brustbereich noch voller wirken lassen. Sie sollten aus naheliegenden Gründen möglichst keine Gürteltaschen oder Rucksäcke tragen.

DIE RAUTENFORM

Sie tragen Ihr Gewicht im mittleren und unteren Bereich des Rumpfes. Ihre Schultern sind beträchtlich schmaler als Ihre Hüften. Sie sind von der Taille an über Hüften, Po und Oberschenkel hinweg füllig und werden zu den Knien hin wieder schlanker.

DIE PASSFORM STEHT AN ERSTER STELLE

Der Ausgangspunkt Ihrer Garderobe ist fließende, nicht auf Figur geschnittene Kleidung. Ein Kleidungsstück muß in der Körpermitte und am Po gut sitzen, bevor Sie überlegen können, wie der Look für Sie am vorteilhaftesten angepaßt werden kann. Gehen Sie davon aus, daß Sie in einigen Fällen ein paar kleine Änderungen vornehmen müssen, damit Ihre Kleidungsstücke richtig passen. Wenn Sie eine schöne Jerseyhose finden, die an Taille und Hüften bequem sitzt, aber zu lang und zu voluminös ist, sollten Sie überlegen, wie man Beinweite und Länge reduzieren kann, damit Sie gut darin aussehen.

Wählen Sie Blusen, Jacken, Westen und Pullover, die entweder locker über Hüften und Po fallen oder Seitenschlitze haben, die Ihnen Bewegungsfreiheit gewähren. Wenn Sie stillstehen, sollten sich diese Schlitze schließen. Wenn sie von Anfang an offenstehen, sollten Sie eine größere Größe wählen.

DETAILS AN DER SCHULTERLINIE

Für Sie ist es wichtig, die Schulterlinie optisch zu verbreitern und so Ihre Proportionen auszugleichen. Bei Oberteilen mit rundem oder einfachem V-Ausschnitt hat man das Gefühl, daß die obere Körperhälfte «herabhängt», so daß Hüften und Oberschenkel zu stark betont werden. Tragen Sie einfache T-Shirts mit Überblusen, die breite Kragen und/oder ein spitzes Revers aufweisen, im Schichtenlook, damit die Schultern aufgrund dieser Details breiter erscheinen. Ja, in diesem Bereich wollen Sie tatsächlich breiter aussehen.

Wie bei der Birnenform sind für Sie Schulterpolster Freunde fürs Leben. Finden Sie die beste Größe

Die Rautenform

und den besten Schnitt, indem Sie die verschiedenen Schulterpolster in der Kurzwarenabteilung eines führenden Kaufhauses ausprobieren. Sie sollten jedoch nicht zu viele Polster (bei der Unterwäsche, bei Blusen, Jacken und Mänteln) aufeinander schichten, sonst wird Ihr Hals ganz «verschwinden»!

JACKEN

Was Jacken und Westen betrifft, so wissen Sie, daß der einreihige Stil Ihnen am besten steht. Vermeiden Sie Taschen in Hüfthöhe, weil dadurch Ihre vollen Hüften noch fülliger wirken würden. Doch eine Brusttasche, die Sie durch ein buntes Tuch oder eine Brosche betonen können, ist in Ordnung.

Die Länge Ihrer Jacken sollte perfekt sein. Kleidungsstücke, die zu kurz sind oder an der breitesten Körperstelle enden, sind unvorteilhaft. Die beste Wahl für Ihre Jacken sind eng gewirkte Strickstoffe im Cardigan-Stil, doppelgestrickte Stoffe oder Jerseystoffe, die locker über die Figur fallen und gleichzeitig kleidsam und bequem wirken.

RÖCKE

Frauen mit rautenförmiger Körperform haben oft hübsche Beine, speziell unterhalb der Knie. Da sich der größte Teil Ihres Gewichts an Po und Oberschenkeln angesammelt hat, sollten Sie immer Röcke bevorzugen, die knapp unter dem Knie enden, speziell dann, wenn Sie klein sind. Bei längeren Röcken sollten Sie zumindest die Fußknöchel zeigen, das heißt, der Saum endet knapp unterhalb der Wadenmitte.

HOSEN

Die einzige Möglichkeit für Sie sind Hosenmodelle mit Gummizugbund, die an Po und Oberschenkeln viel Platz bieten. Es ist besser, Hosen eine oder zwei Größen größer zu wählen, damit sie an Taille und Hüften bequem sitzen. Wenn die Hosenbeine zu weit (und zweifellos auch zu lang) sind, müssen sie gekürzt und so geändert werden, so daß sie schmal zulaufen. Das ist für eine Änderungsschneiderei kein Problem.

KLEIDER

Glockenförmige Kleider, die fast Ihrer Körperform folgen, sind für Sie der vorteilhafteste Stil. Wenn der Schnitt zu gerade ist, haben Sie in der oberen Hälfte zuviel Stoff, obwohl das Kleid in der Körpermitte paßt. Vermeiden Sie ausgestellte Kleider, auch wenn sie passen, da die Weite im Saumbereich nicht so vorteilhaft ist wie schmaler zulaufende Kleider.

GEGENÜBER Ein schmucker Look für die Rautenform – ein leichter, lockerer Schichtenlook, der bis zu Ihrem vorteilhaftesten Beinbereich reicht.

Der Kleidersaum sollte an einem attraktiven Punkt Ihrer Beine enden. Machen Sie einige Schritte, wenn Sie ein Kleid in der vorgeschlagenen Länge anprobieren, um sicherzugehen, daß es lang genug ist und Ihre Knie bedeckt, wenn Sie sich bewegen. Verlassen Sie sich nie darauf, den Saum nur an einem Punkt zu markieren, weil Sie davon ausgehen, daß das Kleid überall um dieselbe Länge gekürzt werden muß. Aufgrund Ihrer Körperform müssen Sie besonders darauf achten, daß die Länge vorne, an der Seite und hinten perfekt ist.

FARBEN UND MUSTER

Die Farben Ihrer Blusen und Oberteile sollten Ihre vorteilhaftesten Töne sein. Schaffen Sie mit helleren und leuchtenden Farben mehr Reize im oberen Bereich, und setzen Sie auffallende Drucke – auch waagrechte Streifen – ein, um einen Ausgleich zu schaffen. Halten Sie sich bei Hosen und Röcken an einfarbige, neutrale Töne aus dem mittleren und dunklen Bereich.

ACCESSOIRES

Halsketten Tragen Sie kurze Halsketten (es sei denn, Ihr Hals ist kurz und breit) oder Ketten mittlerer Länge (45–75 cm lang), um das Auge auf Ihren Hals zu lenken. Lange Ketten würden nur Ihre breiteren Körperregionen betonen, wo die Details der Kette wahrscheinlich ohnehin verlorengingen.

Broschen Tragen Sie eine Brosche am Revers, wenn Sie eine Jacke tragen, um die Aufmerksamkeit nach oben zu lenken.

Tücher Vermeiden Sie Tücher im Halsbereich, aber drapieren Sie lange, bunte Umschlagtücher über die Schultern.

Gürtel Da klar umrissene, taillierte Kleidungsstile nicht gerade vorteilhaft oder bequem für Sie sind, haben Gürtel in Ihrer Garderobe nichts zu suchen.

Schuhe Gönnen Sie sich Schuhe, die Ihre Fußknöchel zeigen. Tragen Sie lieber lang und schmal geschnittene Schuhe, die möglichst viel Fuß zeigen, statt klobige mit Riemchen. Schmale oder flache Absätze sind für Sie nicht geeignet. Sie brauchen einen etwas höheren Schuh, um Ihre Beine optisch zu verlängern, doch die Absätze sollten nicht höher als 4 bis 5 cm sein. Vermeiden Sie Stiefel und Sportschuhe, es sei denn, Sie tragen sie beim Sport.

Handtaschen Schultertaschen lassen Ihre Oberschenkel nur dicker wirken. Wer will das schon? Halten Sie sich lieber an Handtaschen oder Unterarmtaschen.

MÄNTEL

- Die Paßform ist am wichtigsten. Achten Sie darauf, daß der Mantel sich auch dann noch leicht zuknöpfen läßt, wenn sie darunter mehrere Schichten tragen.
- Achten Sie darauf, daß Sie Ihre Arme leicht bewegen können und der Stoff über den Oberarmen oder im Rücken nicht spannt.
- Einreihige Mäntel machen schlanker.
- Hellen Sie einen Mantel in neutraler Farbe mit einem leuchtend bunten Tuch auf.
- Tragen Sie eine auffällige Brosche, um die Aufmerksamkeit nach oben zu lenken.
- Binden Sie den Gürtel eines gegürteten Modells im Rücken und nicht vorne in Taillenhöhe.
- Mäntel in Dreiviertellänge sind für sportliche Kleidung und einen legeren Lebensstil am besten geeignet.
- Vermeiden Sie es, wie der «Michelin-Mann» zu wirken – tragen Sie keine Parkas mit Daunenfutter, es sei denn, Sie wollen doppelt so breit wirken, wie Sie sind.
- Regenmäntel mit herausnehmbarem Futter sind an nassen oder kalten Wintertagen vielseitig verwendbar.
- Ergänzen Sie Ihren Look mit schönen Handschuhen, einem attraktiven, aber dennoch praktischen Hut oder schicken kniehohen Stiefeln.
- Wenn Sie sich in einem Mantel eingeengt fühlen, sich aber bei kaltem Wetter gerne draußen aufhalten, können Sie ein großes wollenes Umschlagtuch als zusätzliche wärmende Schicht über Ihren Jacken tragen.

OBEN Kurze Jacken sind für kleine Frauen nicht unbedingt vorteilhaft. Zuviel Struktur und Volumen lassen Sie breiter und kleiner aussehen.

UNTEN Wenig Volumen in einer längeren Länge (und einer tollen Farbe), die dennoch genug Bein zeigt, ist für kleinere Frauen besser geeignet.

KAPITEL 3

Klein, aber gewichtig

Jede Frau, die klein ist und gleichzeitig eine größere Kleidergröße trägt, weiß, daß ihr selten eine breite Auswahl an schicker Kleidung zur Verfügung steht. Obwohl in allen Ländern Fortschritte gemacht werden und es modische Stücke in immer mehr Größen gibt, haben Frauen unter 1,60 m Körpergröße mit Kleidergröße 42 und darüber die geringste Auswahl.

Das Problem der meisten Hersteller besteht darin, daß es nicht einfach ist, die Proportionen entsprechend den Körpermaßen kleiner und gleichzeitig fülliger Frauen anzupassen, was die Kosten bei der Massenproduktion eines Sortiments in die Höhe treibt. In Amerika, wo der Markt für «kleine, aber gewichtige Frauen» viel größer ist, gibt es mehrere Kollektionen in Sondergrößen im unteren, aber auch im höheren Preissegment. Langsam, aber sicher halten einige dieser Kollektionen sowie ein paar Marken aus anderen Ländern auch auf unseren Hauptgeschäftsstraßen Einzug. Doch Fortschritte werden nur langsam erzielt, und die Mehrzahl der kleinen Frauen mit großer Kleidergröße muß sich mit schlechtsitzender Kleidung abfinden, die eigentlich für größere Frauen entworfen wurde.

58

«DO-IT-YOURSELF»-DESASTER

Die Herausforderung für kleine, aber gewichtige Frauen besteht darin, Kleidungsstücke zu finden, die an den umfangreichsten Stellen richtig sitzen, bevor anschließend die Paßform insgesamt so gut wie möglich angepaßt wird. Das bedeutet im allgemeinen, daß nach dem Jackenkauf die Ärmel gekürzt werden müssen oder daß bei Röcken und Kleidern der Saum umgenäht werden muß. Doch bald wird offensichtlich, daß eine Änderung hier und da nicht ausreicht, denn selbst wenn die Länge an Beinen und Armen stimmt, trifft dies auf die Gesamtproportionen eines Kleidungsstücks nicht unbedingt zu, so daß Sie trotz aller Mühen und wahrscheinlich auch etlicher Ausgaben immer noch wie ein Pilz wirken!

Die meisten größeren oder sehr großen Größen wurden für durchschnittlich große bis sehr große Frauen entworfen, so daß die Details vom Maßstab her zu *ihrem* Körper passen, aber für kleinere Frauen ungeeignet sind. Die Brusttaschen beispielsweise befinden sich bei kleinen Frauen plötzlich in Taillenhöhe und die Hüfttaschen irgendwo in der Mitte der Oberschenkel. Interessante und teure Details an Manschetten oder Saum gehen verloren, da gerade diese Bereiche kleine Frauen immer zu erdrücken scheinen und deshalb der Schere zum Opfer fallen.

Standardgrößen können ein Alptraum für kleinere Frauen sein. Hier sind zwei Frauen mit derselben «Kleidergröße» abgebildet. Auf den ersten Blick erkennen Sie, daß dasselbe Kostüm an der kleineren Frau ganz anders aussieht (RECHTS). Selbst nachdem Ärmel und Rocksaum gekürzt wurden, ist die Wirkung nicht so erfolgreich wie bei der durchschnittlich großen Frau (LINKS).

Da kleine Frauen nicht die Möglichkeit haben, Kleidungsstücke in unterschiedlichen Längen zu finden, müssen sie lernen, welche Stildetails sich durch einige wohlüberlegte Schneiderarbeiten ändern lassen beziehungsweise welche Details ungeeignet sind, weil man sie nicht befriedigend ändern kann. Sie würden nie richtig wirken und lohnen daher die Investition nicht. Es folgen einige Tips, um die Proportionen von modischer Kleidung so anzupassen, daß sie für Ihre Größe stimmen.

DARAUF SOLLTEN SIE ACHTEN

JACKEN
- Einreihige Modelle lassen sich immer leichter ändern als zweireihige, und sie lassen Sie größer wirken. Solange die Länge vorteilhaft ist, können Sie (wenn Sie mögen) die Knöpfe und/oder die Ärmel ändern.
- Vermeiden Sie Modelle mit aufgesetzten Taschen oder Pattentaschen oder mit anderen Details im Hüftbereich.
- Tauschen Sie zu große Knöpfe gegen Knöpfe mittlerer Größe aus (dazu müssen die Knopflöcher etwas verkleinert werden). Ersetzen Sie glänzende Knöpfe durch Knöpfe mit matter Oberfläche.

- Jacken ohne Kragen oder Revers sind weniger riskant, da ein Revers oft breit oder ausgearbeitet ist und eine kleine Frau zu erdrücken scheint. Dies hängt jedoch ganz von dem jeweiligen Modetrend ab. Wenn Sie also ein Revers von reduzierter Größe finden, beispielsweise bei Schalkragen, könnte dieser Stil durchaus Abwechslung bieten.
- Epauletten oder Details an den Schultern können bei kleineren Frauen zu übertrieben wirken. Wenn sich solche Details leicht entfernen lassen, könnten Sie die Jacke in Betracht ziehen.
- Wenn die Ärmel gleichzeitig sehr lang und sehr weit sind, könnten sie im Bereich des Unterarms etwas schmaler genäht werden. Weite Ärmel lassen die Trägerin nur fülliger und kleiner wirken.

Sally vor der Beratung

Zu füllige Frisur

Für ihre Farbgebung zu unauffälliges Make-up

Das Tuch verkürzt den Hals

Die zweireihige Jacke läßt Sally breiter und kleiner erscheinen

Der helle Rock läßt die Hüften breiter erscheinen

Die dunklere Strumpfhose verkürzt die untere Körperhälfte optisch

Flache Schuhe geben Sally nicht den nötigen Auftrieb

Hier macht sie das Beste aus ihrer Statur

Weniger Haar öffnet das Gesicht

Ein offener Ausschnitt ist vorteilhafter

Eine einreihige Jacke macht schlanker

Aufeinander abgestimmte Farben von Kopf bis Fuß

Ein Absatz, der sie größer wirken läßt

60
. . . . .

- Details an den Manschetten sollten am besten auf *einige wenige* Knöpfe begrenzt werden. Überlegen Sie, ob Sie die vorhandenen Knöpfe an der Jacke durch interessantere ersetzen können, die Sie in der Kurzwarenabteilung oder in einem Spezialgeschäft erstehen.
- Vermeiden Sie kontrastierende Farben an den Manschetten.
- Bei der Länge sollten Sie überlegen, ob Sie die Jacke sowohl mit Röcken als auch mit Hosen kombinieren wollen. In diesem Fall sollten Sie keinen sehr langen Jakkenstil wählen (der über die Mitte der Oberschenkel hinausreicht), da Sie darin in Kombination mit einer Hose wie ein Zwerg aussehen würden.

  Wenn Ihr Po und Ihre Hüften nicht zu stark sind (in der Realität, nicht in Ihrer Phantasie!), wählen Sie eine Jacke, die auf der Hüfte endet. Sie werden größer und besser proportioniert wirken, wenn Sie eine kürzere Jacke über bequem sitzenden Röcken und Hosen in dunkleren oder tonlich abgestimmten Farben tragen.
- Vermeiden Sie taillierte Jacken, z. B. Modelle mit Gürtel oder Bindegürtel, obwohl eine Jacke, die im Taillenbereich etwas schmaler wird, immer vorteilhaft ist.

BLUSEN
- Weniger ist mehr, was Stil, Details und Druck betrifft. Sehr große, steife oder hohe Kragen wirken im allgemeinen nicht vorteilhaft an kleineren Frauen.
- Tragen Sie einen Body, wenn Ihre Figur dies zuläßt und Sie die Bequemlichkeit eines Bodys unter Jacken oder als zusätzliche Schicht unter Blusen mögen. Da die meisten eine Beimischung aus Lycra enthalten, sitzt das dehnbare Material sowohl in der Breite als auch in der Länge gut. Wenn Sie sich nicht ganz sicher sind, sollte der Body im Schritt etwas großzügiger bemessen sein, so daß die Paßform im Rumpfbereich bequemer und vorteilhafter ist.
- Passen Sie die Ärmellänge bei Blusen immer an. Sie können auch einfach den Knopf versetzen, so daß die Ärmel am Handgelenk enger sitzen und die Bluse dort und nicht an den Handknöcheln endet.
- Vermeiden Sie Doppelmanschetten sowie Manschetten mit Spitzen- oder Rüschenbesatz.
- Wenn die Bluse zu lang ist und Sie sie in den Rock oder die Hose stecken wollen, lassen Sie sie kürzen (in einer guten chemischen Reinigung oder Änderungsschneiderei wird man diese Arbeit übernehmen). Überschüssiger Stoff unter Ihrer Kleidung läßt Sie nur unnötig massig wirken.
- Wenn Sie eine kurze Taille haben, tragen Sie einfache Tops über Ihren Röcken und Hosen. Sie sollten jedoch nie länger als die Jacke sein.

RÖCKE
- Am allerwichtigsten ist die richtige Paßform an den besonders umfangreichen Stellen. Falls es sich dabei um Ihre Taille handelt, sollten Sie auf einen bequemen

LINKS Sie wirken kleiner, wenn Sie Ihren Körper mit verschiedenen Farben, kontrastierenden Strumpfwaren und beinverkürzenden Stiefeletten unterteilen.

RECHTS Mit einem farblich abgestimmten Hosenanzug wirken Sie sogar noch größer.

Sitz achten, wenn das Oberteil in den Rock gesteckt wird. Der im Hüftbereich überschüssige Stoff kann, falls nötig, eingehalten werden. Zuviel Stoff im Taillenbereich ist schwieriger zu handhaben, doch das Problem läßt sich ebenfalls leicht lösen, denn Sie wissen ja, daß Sie immer besser aussehen, wenn Hüften und Po nicht den Eindruck erwecken, als würden sie aus zu engen Röcken gleich herausplatzen.

- Kürzen Sie Röcke entweder vom Taillenbund aus oder am Saum. Wenn der Rockabschluß interessant ist oder der Rock Gehfalten oder hinten einen Schlitz hat, besteht die einzige Möglichkeit darin, ihn von der Taille aus zu kürzen. Erkundigen Sie sich vor dem Kauf, um sicherzugehen, daß dies möglich ist.
- Wenn der Rock von der Taille bis zum Saum durchgeknöpft ist, sollte nach dem Kürzen unterhalb des letzten Knopfes bei einer für Sie vorteilhaften Länge genug Stoff vorhanden sein, so daß der Knopf nicht direkt am unteren Rand sitzt, was komisch wirken würde. Zum Abschluß sollten Sie die unteren beiden Knopflöcher ganz zunähen, so daß sich der Rock hier nicht aufknöpfen läßt, denn dadurch wirkt der Saumabschluß sauberer.
- Vermeiden Sie Pattentaschen oder aufgesetzte Taschen.
- Die Muster sollten unauffällig sein und farblich zum Oberteil passen.
- Vermeiden Sie leuchtende oder helle Farben für Ihre Röcke.
- Sehr kurze Röcke sind vorteilhafter, wenn sie zusammen mit einer größeren Überbluse oder einer Jacke getragen werden. Ein kurzes Bolero-Oberteil zusammen mit einem kurzen Rock ließe Sie klein und untersetzt wirken.

- Zeigen Sie bei längeren Röcken etwas Bein, das heißt, der Saum sollte knapp unterhalb der Wade enden, dort, wo der Fußknöchel ansetzt.
- Beim Kürzen von geraden Röcken (um mehr als 7,5 cm) sollten Sie die Seitennähte ebenfalls etwas einnähen, um quadratische, kastenförmige Formen zu vermeiden.
- Auffällige Details am Saum – Falten, Rüschen, ein kontrastierender Besatz usw. – lassen Sie noch kleiner wirken und sollten daher nach Möglichkeit vermieden werden.

KLEIDER
- Die Ärmellänge sollte perfekt sein. Bei sehr detaillierten Manschetten sollten Sie den Ärmel eventuell oberhalb der Manschette kürzen (dazu muß die Manschette abgetrennt und wieder angenäht werden).
- Einfache «Etui»-Kleider lassen sich leichter ändern als auf Figur oder Taille geschnittene Modelle, die von den Proportionen her für größere Frauen gedacht sind.
- Nähen Sie den Rockteil von der Oberschenkelmitte bis zum Saum schmaler, damit Ihre Silhouette größer und schlanker wirkt.
- Vermeiden Sie Saumabschlüsse, die das Kleid breiter wirken lassen, z. B. schräg geschnittene oder ausgestellte Modelle.
- Für ein durchgeknöpftes Modell gilt (genau wie für Ihre Röcke), daß es gekürzt werden muß. Es sollte jedoch so viel Stoff vorhanden sein, daß der untere Knopf flach anliegt.
- Wenn Ihre Beine im Vergleich zum Rumpf kurz sind, sollten Sie Kleider mit tief angesetzter Taille vermeiden.

HOSEN
- Klassische oder schmal geschnittene Hosen (die jedoch nicht hauteng anliegen sollten) sind vorteilhafter als sehr weite Palazzo-Modelle, die Sie kleiner wirken lassen.
- Lassen Sie die Hosenbeine beim Kürzen des Saums etwas schmaler zulaufen, wobei Sie mit der Änderung, falls nötig, in Kniehöhe beginnen.
- Entfernen Sie vorhandene Aufschläge, da diese Sie noch kleiner wirken lassen.

MODISCHE ACCESSOIRES

Da alle kleinen Frauen (unabhängig von ihrer Kleidergröße) wissen, daß sie am besten aussehen, wenn die Schnitte und Details ihrer Kleidung nicht zu abenteuerlich sind, sollten sie mit ihren Accessoires Reize schaffen und ihre Persönlichkeit unterstreichen. Welche Accessoires die Trägerin wählt, hängt von ihrem Lebensstil ab und davon, wie stark sie auffallen möchte. Accessoires können ähnlich wie Farben als

Magnet wirken und Aufmerksamkeit erregen. Aus diesem Grund sollten Sie Vorsicht walten lassen, wenn Sie sich nicht sicher sind, wieviel Aufmerksamkeit Sie wünschen. Andernfalls – nur Mut!

SCHMUCK

Ohrringe und Ohrclips Schauen Sie sich Ihren Ohrschmuck einmal näher an. Nehmen Sie Ihre Lieblingsstücke zur Hand, probieren Sie die einzelnen Paare nacheinander durch und fragen Sie sich, ob sie Ihrer Meinung nach Ihr Gesicht schön ergänzen. Ohrringe sollten das Gesicht verschönern und es nicht erdrücken, was leicht passieren kann, wenn Sie klein sind. Stehen bestimmte Stücke so weit ab, daß sie Ihr Gesicht breiter wirken lassen? Sind einige im Vergleich zu Ihrer Frisur zu schlicht? Sind andere zu auffällig und lenken von Ihrem Gesicht ab?

In der letzten Zeit sind große Ohrringe etwas aus der Mode gekommen, was für kleinere Frauen ein Vorteil ist. Manche Frauen wirkten mit den übergroßen Ohrringen der späten achtziger Jahre bisweilen etwas komisch. Doch Sie sollten bedenken, daß Sie trotz Ihrer kleinen Körpergröße aufgrund Ihrer Fülle dennoch *kräftig* sind. Entscheiden Sie sich daher nicht für winzige, zierliche Ohrringe, die nicht dem Maßstab Ihres Körpers entsprechen. Ohrclips sollten von mittlerer Größe sein, während herabhängende Modelle vom Design her leichter und von der Länge her nicht zu übertrieben sein sollten.

Halsketten Nichts ergänzt einen langweiligen Halsausschnitt besser als eine hübsche oder originelle Kette. Wenn daher Ihre Oberteile aufgrund Ihrer Größe und/oder Form nicht so auffällig sind, können Sie sie ein wenig aufmöbeln und so mehr Freude an ihnen haben.

Bei einem langen Hals können Sie kurze Ketten tragen. Da Sie jedoch klein sind, haben Sie wahrscheinlich eher einen durchschnittlich langen oder kurzen Hals, so daß Ihnen Ketten von mittlerer Länge oder längere Stücke besser stehen. Hüten Sie sich vor sehr langen Ketten. Wenn die Ketten bis zu Ihrer Taille herabreichen, nehmen Sie sie einfach doppelt, so daß eine zweireihige Kette entsteht. Einen langen Perlenstrang können Sie in Busenhöhe zu einem Knoten schlingen, was sehr schick aussieht.

Wählen Sie keine sehr feinen Ketten, die an Ihnen unauffällig wirken, wenn sie allein getragen werden. Mehrere Ketten zusammen oder mit einer Perlenkette kombiniert können vor dem einfachen Hintergrund eines schönen Oberteils, einer Jacke oder eines Kleids bezaubernd wirken.

Armreifen Meiner Meinung nach wirkt ein schöner Armreif besonders feminin. Doch wenn Sie keine langen Arme haben, müssen Sie die Größe und Anzahl der Armreifen, die auf einmal getragen werden, verringern.

Vermeiden Sie klobige, breite Armreifen, die Ihre Arme kürzer und Handgelenke und Hände dicklich wirken lassen. Wählen Sie statt dessen Armbänder mit kleinen bis mittelgroßen Gliedern, die am Handgelenk etwas locker sitzen und nie eng

DIE MUSTERWAHL

Links unten Große Muster können Frauen mit kleiner Statur erdrücken.

Links oben Es ist besser, Muster von kleiner bis mittlerer Größe zu wählen.

Unten Wenn Sie klein sind, sollten Sie Muster nur in der oberen Körperhälfte tragen, um das Auge nach oben zu lenken.

anliegen. Experimentieren Sie. Suchen Sie sich ein Kaufhaus mit einer guten Auswahl und probieren Sie verschiedene Modelle an. Betrachten Sie sich in einem Ganzkörperspiegel, um zu beurteilen, ob es sich bei dem Armreifen sozusagen um einen charmanten nachträglichen Einfall handelt (was für kleine Frauen am besten ist) oder um eine kühne Aussage, die ablenkend wirken könnte.

Ringe   Wenn Ihre Finger lang und nicht zu dick sind, steht Ihnen eine Auswahl an Ringen zur Verfügung, die nur durch Ihr Budget und Ihre Persönlichkeit eingeschränkt wird. Doch wenn Ihre Finger kurz und Ihre Hände ziemlich breit sind, sollten Sie mit allzu vielen oder sehr großen Ringen nicht zusätzlich Aufmerksamkeit darauf lenken. Bedenken Sie, daß es stets darum geht, Ihre Vorzüge ins rechte Licht zu rücken und die weniger vorteilhaften Merkmale zu neutralisieren. Wenn Ihre Hände auf der Liste Ihrer Pluspunkte daher nicht weit oben stehen, sollten Sie Ihre Auswahl auf besondere Erbstücke, den Verlobungs- oder Ehering beschränken und diese Ringe nur an den Ringfingern tragen.

TÜCHER

Viele kleine Frauen halten sich von Tüchern fern, nachdem sie vergeblich versucht haben, sie zu ihrem Vorteil einzusetzen. Klein und füllig zu sein bedeutet jedoch nicht, daß Sie auf Tücher verzichten müssen.

Wählen Sie farbenfrohe Tücher, um Ihre wunderbar einfache Grundgarderobe aufzupeppen. Überlegen Sie, welche Farben oder Töne am vielseitigsten sind. Wenn Ihre Grundgarderobe sich im dunklen oder mittleren Farbtonbereich bewegt, hellen Sie sie mit einer Lieblingsfarbe aus Ihrer Farbpalette auf (weitere Informationen dazu finden Sie auf den Seiten 112–123). Beginnen Sie mit einem Tuch in Rot oder einer Mischung verschiedener Blautöne, die zu Schwarz, Marineblau, Grau oder Beige passen. Ein Chiffon- oder Seidentuch kann das ganze Jahr über getragen werden, während ein wollenes Tuch eher im Winter eingesetzt wird.

Was den Stil betrifft, so wirkt ein längliches Tuch besser als ein quadratisches. Ein längliches Tuch, das nicht breiter als 20 cm ist – schließlich wollen Sie nicht zuviel Volumen –, schafft eine senkrechte Linie und ist vorteilhafter, speziell dann, wenn Sie darunter nur eine einzige Farbe tragen. Achten Sie darauf, daß das Tuch nicht zu lang ist, das heißt, es sollte, nachdem es geknotet wurde, nicht unterhalb der Taille enden.

Vermeiden Sie es, Tücher eng um den Hals zu schlingen oder eine Krawatte zu tragen, weil Sie dann kleiner und dicker aussehen würden. Der Halsbereich sollte offen sein, das heißt, quadratische Tücher werden in Höhe des Brustansatzes oder längliche Tücher knapp unterhalb des Busens geknotet.

Wenn Sie schöne Umschlagtücher haben, drapieren Sie diese nur über eine Schulter statt über beide, denn das würde eine waagrechte Linie kreieren und Ihre Statur verkürzen. Vermeiden Sie große, massige Wickeltücher über dem Mantel. Etwas Farbe im Halsbereich, etwa ein Tuch unter dem Mantel, ist wirkungsvoller.

STRUMPFWAREN

Strumpfwaren sind ein wichtiges Accessoire für jede kleine Frau, die ein elegantes Erscheinungsbild wünscht. Die richtige Farbe, Dicke und Struktur an Ihren Beinen können zusammen mit Röcken und Kleidern Ihr Outfit doppelt so teuer wirken lassen, als es in Wirklichkeit war.

Gehen Sie der Versuchung aus dem Weg, sehr helle oder hautfarbene Strumpfwaren zu tragen, wenn die Farben Ihrer Kleidung auffallend oder dunkel sind. Durch helle Beine «zweiteilen» Sie sich optisch. Wenn die Schuhe dunkler als der Rock sind, sollten die Strümpfe ihnen vom Farbton her entsprechen. Versuchen Sie, stark unterschiedliche Töne bei Röcken und Schuhen zu vermeiden. Marineblaue Schuhe zu einem steingrauen Rock sind für viele Frauen durchaus geeignet, doch Sie wirken größer und schlanker, wenn steingraue Schuhe mit steingrauen Strumpfwaren kombiniert werden, die gleichzeitig den Rock ergänzen. Für Sie ist es wichtig, alles von der Taille abwärts vom Ton her aufeinander abzustimmen.

Dicke und Struktur Ihrer Strumpfwaren sind natürlich von der Jahreszeit abhängig, aber auch von der Struktur der Kleidung, die Sie tragen. Selbst ein leicht opaker Strumpf wirkt zusammen mit einem Jeansrock aus Baumwolle zu schwer. Genausowenig passen durchsichtige, elegante Strümpfe zu Wollkleidung.

Ziehen Sie auch die Form Ihrer Beine und deren Zustand in Betracht. Dunkle Krampfadern oder Besenreißer lassen sich mit Strumpfwaren in mittleren bis dunklen Tönen verbergen. Außerdem sind diese Töne für unförmige Waden schmeichelhafter als helle oder dünne Strümpfe.

SCHUHE

Wie jede modisch gekleidete Frau brauchen Sie ein Schuhsortiment, das Ihre Kleidung ergänzt. Doch im Gegensatz zu allen anderen Frauen wissen Sie, daß ein Schuh lächerlich aussehen und Ihren Look ruinieren kann, wenn er nicht passend zur Kleidung gewählt wird.

Leichte Absätze verleihen jeder kleinen Frau etwas mehr Selbstbewußtsein. Es ist jedoch wichtig, die Höhe des Absatzes zu beschränken, so daß Sie problemlos laufen, hüpfen und tanzen können. Nichts wirkt komischer als eine kleine Frau, die der Welt weismachen möchte, sie sei größer, indem sie auf Pfennigabsätzen einherstolpert. Außerdem muß die Breite des Absatzes mit Ihrer fülligen Figur im Einklang stehen: Je voller die Figur, desto stabiler sollte der Absatz sein. Schmale Absätze sind für die wenigsten Frauen vorteilhaft – und bestimmt nicht für Sie!

Beachten Sie die Größe des Ausschnitts bei einem Schuh. Je mehr Fuß Sie zeigen, desto länger wirken Ihre Beine. Die Form der Schuhspitze kann den Fuß ebenfalls verlängern: Leicht schmal zulaufende, spitze Modell sind vorteilhafter als sehr runde oder quadratische Formen.

Stiefel sollten nur getragen werden, wenn Schnee liegt! Sie sind für Ihr Erscheinungsbild in keiner Weise vorteilhaft.

HANDTASCHEN

Hier müssen Sie ein wenig streng mit sich sein. Wenn Sie am liebsten immer den Inhalt einer Reisetasche mit sich herumtragen würden, tun Sie Ihrem Gesamtbild wahrscheinlich nichts Gutes, denn kleine Frauen sehen mit großen Taschen noch gedrungener aus. (Ich meine hier natürlich nicht die Tasche für den wöchentlichen Einkauf, sondern Gelegenheiten, zu denen Sie besonders gut aussehen wollen!) Ihnen schmeicheln schicke Schultertaschen, die nicht voluminös sind, oder Unterarmtaschen und Handtaschen mittlerer Größe. Sehr kleine Handtaschen haben nicht den richtigen Maßstab für Sie, daher sollten Sie sie nicht einmal abends tragen, wenn Sie ausgehen.

DER KRÖNENDE ABSCHLUSS

Wenn Sie klein, aber gewichtig sind, sollten Sie Ihrem Haarschnitt und Ihrer Frisur besondere Aufmerksamkeit schenken. Der falsche Schnitt kann Sie entweder noch fülliger oder noch kleiner wirken lassen. Es geht also darum, einen Ausgleich zu schaffen.

Da Sie klein sind, sehen Sie besser (und größer!) aus, wenn Sie keine lange oder füllige Frisur tragen. Selbst wenn Sie mit üppigen Locken gesegnet sind, wirken Sie noch wunderbarer, wenn Sie eine vorteilhafte, aber vom Maßstab her mäßige Frisur wählen.

Sie sollten die Haare im oberen Bereich des Kopfes etwas fülliger statt flach tragen (wodurch Sie kleiner wirken würden). Wenn Sie langes Haar haben, kann es,

68

Wenn Sie klein sind, kann eine füllige Frisur Sie leicht erdrücken.

Ausgewogenheit – Ihr Haar sollte das Gesicht umrahmen, nicht verstecken.

hochgesteckt oder als hoch oben am Hinterkopf ansetzender Zopf getragen, dieselbe Wirkung haben und das Auge nach oben lenken, so daß Sie etwas größer wirken.

Vermeiden Sie auch einen geraden Pony quer über der Stirn. Obwohl dieser an vielen Frauen sehr schön aussieht und ein großartiger Trick für Frauen mit länglichem Gesicht ist, schmeichelt er einer kleinen, fülligen Frau nicht unbedingt.

EIN WORT ZUM SCHLUSS

Wir sind am Ende des Kapitels mit Tips nur für die kleine, aber gewichtige Frau, die dennoch gut aussehen kann, angelangt. Nehmen Sie sich jetzt Ihre Garderobe vor, um zu entscheiden, welche Teile für ein besseres Aussehen sofort geändert werden müssen. Investieren Sie Geld für Änderungsarbeiten nur bei Kleidungsstücken, die Ihnen wirklich gefallen und die noch einige Lebensdauer vor sich haben. Die anderen Sachen sollten Sie beim Gärtnern anziehen oder in die Altkleidersammlung geben.

Betrachten Sie die Körperpflege als Bestandteil des ganzen Looks. Werden Sie sich gerecht? Sind Ihre Accessoires modisch, oder haben sie ihre beste Zeit bereits hinter sich? Falls ja, sollten Sie Geld für ein paar neue Stücke einplanen, die Sie zu verschiedenen Gelegenheiten tragen können, um so mehrere Elemente Ihrer Garderobe neu zu beleben.

Eine Frage zum Schluß: Paßt Ihre Frisur zu Ihrer Statur? Falls nicht, sollten Sie zu Hause vor einem dreiteiligen Spiegel neue Frisuren ausprobieren. Versuchen Sie, Ihr Haar hochzustecken und ein paar Strähnen nach unten ins Gesicht zu ziehen, um festzustellen, wie Sie mit einer neuen Frisur aussehen würden. Ihr Haar sollte nicht zu sehr zurechtgestutzt werden, denn ein sehr kurzer Schnitt kann genauso unvorteilhaft sein wie zuviel Volumen. Erklären Sie Ihrem Friseur, was Sie erreichen möchten, und wagen Sie einen Versuch.

Der Lohn für Ihre Anstrengungen wird sein, daß andere gar nicht mehr auf Ihre Körpergröße und Statur achten, sondern nur noch Ihre dynamische *Persönlichkeit* bemerken!

KAPITEL 4

Kluge Tips für den Einkauf: Figur- und Paßformprobleme

Jede Frau kann ihre störendsten Figurprobleme, nach Schwere geordnet, aufzählen. Unabhängig von Größe und Form können wir alle auf Körperbereiche verweisen, die uns schier verrückt machen, weil sie aus unserer Sicht nicht perfekt sind und es uns erschweren, die richtige Kleidung zu finden.

Viele kennen die Enttäuschung, wenn man ein tolles Oberteil findet, das eine gute Länge und eine ansprechende Farbe hat und das dennoch nicht das Richtige ist, weil der Kragen absolut nicht zu unserem Hals paßt oder die Details im Busenbereich die fülligen Formen dort noch stärker betonen. Vielleicht sind auch die Ärmel um den Oberarm herum zu eng, so daß man sich fast wie ein Sumo-Ringer vorkommt. Es ist besonders schlimm, beim Kleiderkauf Kompromisse einzugehen und Dinge zu kaufen, die unsere Problemzonen noch unterstreichen.

Dieses Buch möchte Ihnen zeigen, wie Sie bei der Wahl Ihres Stils freier, aber gleichzeitig wählerischer sein können. Wenn Sie die Richtlinien für Ihre Körperform beherzigen und dann die folgenden praktischen Tips für Ihre spezifischen Probleme befolgen, werden Sie schließlich über eine Garderobe mit endlosen Möglichkeiten verfügen, an der Sie Jahr für Jahr Freude haben. Sie können und sollten Ihre Kleidung als langfristige Investition betrachten, die mit neuen Accessoires oder durch geringfügige kleine Änderungen an die aktuelle Mode angepaßt werden kann.

Versuchen Sie nicht schlanker zu wirken, als Sie sind. Achten Sie lieber auf ein attraktives Erscheinungsbild – unabhängig von Ihrer Kleidergröße.

DIE RICHTIGE PASSFORM

Hier sollten Sie ehrlich zu sich sein. Wenn Sie beim Kleiderkauf neue Möglichkeiten ausprobieren oder die Vor- und Nachteile eines Modells aus einem Versandhauskatalog abwägen, müssen Sie ehrlich beurteilen können, was Ihnen steht und was nicht, wenn Sie das Beste aus sich machen wollen. Was bringt es Ihnen, wenn Sie sich einreden, ein Kleidungsstück stehe Ihnen, obwohl der Schnitt nicht bequem ist? Unsere Kleidung sollte perfekt sein oder zumindest durch Änderungen perfektioniert werden können, wenn sich die Investition lohnen soll.

Hier meine Richtlinien zur Beurteilung der Paßform, so daß Sie den besten Gegenwert für Ihr Geld erhalten und viel Freude an Ihrer Kleidung haben.

Betrachten Sie sich immer in einem dreiteiligen Spiegel! Beurteilen Sie die Paßform nicht, indem Sie sich einmal vor einem einfachen Spiegel drehen. Sie müssen sich von vorne, von der Seite und von hinten betrachten können, um zu beurteilen, ob der Schnitt zu Ihrem Körper paßt.

Waagrechte Falten bedeuten, daß man die nächste Größe wählen sollte Wenn ein Kleidungsstück beispielsweise am Rücken nicht weit genug geschnitten ist, was sich an waagrechten Spannfalten bemerkbar macht, ist es zu klein. Waagrechte Falten am Rockvorderteil bedeuten, daß der Rock für Ihre Körperform zu gerade geschnitten ist. Lesen Sie in Kapitel 2 nach, wie Sie das beste Rockmodell für Ihre Körperform finden.

Abstehende Kragen müssen geändert werden Wenn Sie eine größere Größe wählen müssen, um für sich die richtige Paßform im Busen- oder Rückenbereich zu finden, der Kragen aber dann zu weit ist, sollten Sie überlegen, was man ändern könnte, um für einen vorteilhafteren und stärker anliegenden Sitz zu sorgen. Wenn der Kragen offensichtlich zu groß ist, sollten Sie sich für ein anderes Modell entscheiden.

Zuknöpfen und Luft holen Wenn Sie nicht tief Luft holen können, ohne daß die Knöpfe abspringen, sind Jacke, Bluse oder Rock zu eng. Bedenken Sie, daß enge Kleidung Sie *fülliger* erscheinen läßt, während Sie in locker sitzender Kleidung *schlanker* wirken.

Nichts darf spannen Wenn die Oberschenkel wundgerieben sind, weil Sie zu enge Jeans oder Hosen tragen, wenn die Armlöcher Ihrer Jacken Ihre normale Bewegungsfreiheit einschränken, und wenn Sie nicht ungehindert über die Straße rennen können, ist die Paßform völlig verkehrt.

Natürlich «paßt» dieses Outfit, aber wirkt es auch vorteilhaft?

71

Die Knöpfe sollten sich an allen Kleidungsstücken leicht schließen lassen. Wenn nicht, wählen Sie die nächste Größe.

SPEZIELLE HERAUSFORDERUNGEN DURCH DIE FIGUR

Es folgen ein paar weitere Hinweise zur Handhabung der speziellen Problemstellungen durch Ihre Figur. Es wird erklärt, worauf Sie achten und was Sie vermeiden sollten; so können Sie mit mehr Selbstbewußtsein einkaufen gehen.

EIN KURZER HALS

Gesicht und Hals wirken dicker, wenn Sie diesen kurzen und fülligen Bereich nicht öffnen. Bei Hemdkragen öffnen Sie ein paar Knöpfe, um soviel wie möglich von Ihrem Hals zu zeigen. Diese V-Linie läßt den Hals länger wirken. Sie erzielen einen noch besseren Effekt, wenn Sie den Kragen hinten hochstellen und die Kragenecken vorne nach unten drücken, um das V noch stärker zu betonen.

Bei Blusen und Oberteilen sollten Sie ebenfalls auf diese streckende Wirkung des V achten. Selbst einfache runde Ausschnitte, die den Hals ein wenig zeigen, sind nicht so wirkungsvoll, besonders dann nicht, wenn Sie ein rundes, volles Gesicht haben. Falls Sie viele Oberteile in diesem Stil besitzen und sich noch nicht von ihnen trennen wollen, können Sie zusätzlich ein längliches Tuch (das unten und nicht in Halsnähe verknotet wird) oder lange Ketten oder Perlenschnüre tragen, um die Halslinie zu strecken.

Bei einem kurzen, kräftigen Hals ist kurzes Haar vorteilhafter, Sie können das Haar jedoch auch hochstecken. Bei schulterlangem Haar oder einer fülligen Frisur wirkt Ihr Hals noch dicker und kürzer. Überzeugen Sie sich selbst davon, indem Sie sich in einem zweiteiligen Spiegel betrachten. Stecken Sie Ihr Haar hoch am Hinterkopf mit Nadeln zusammen, und Sie werden feststellen, daß der Halsbereich jetzt viel schlanker und länger wirkt. Wenn der Gedanke an eine Kurzhaarfrisur Sie in Schrecken versetzt, sollten Sie es mit einer stufig geschnittenen Frisur versuchen, die sich an den Seiten verjüngt, während sie hinten weich und füllig ist und sich im Nacken ein paar Strähnen ringeln. Eine strenge Kurzhaarfrisur ist nichts für Frauen mit fülliger Figur, da sie die Trägerin weniger weiblich aussehen lassen würde.

Das sollten Sie vermeiden
- Lockere und enganliegende Rollkragen
- Bubikragen oder Stehkragen
- Tücher, die am Hals verknotet sind oder als Krawatte getragen werden
- Kurze Halsketten
- Gepolsterte Schultern (sie lassen Ihren Hals kürzer wirken)
- Epauletten (sie verbreitern Schultern und Hals)
- Mäntel mit dicken oder hohen Kragen
- Runde oder große Ohrringe, die abstehen
- Lang herabhängende Ohrringe, die für Ihre Halslinie zu schwer sind

EIN LANGER HALS

Viele Menschen betrachten Ihren langen Hals als wunderbares Plus, doch Ihnen selbst fällt es schwer, ihn in Ihren Gesamtlook einzubeziehen. Für Sie ist es daher wichtig, ein Gleichgewicht zwischen der Frisur und der Halslinie herzustellen.

Als Ausgleich zu Ihrem langen Hals ist mittel- bis schulterlanges Haar vorteilhaft. Sehr lange und speziell gerade Frisuren sind nicht so gut geeignet. Kurzhaarfrisuren sollten unbedingt vermieden werden, da sie genau den Punkt betonen, von dem Sie ablenken wollen. Natürlich ist das Leben mit längeren Haaren nicht so leicht wie mit einer Kurzhaarfrisur, aber bedenken Sie, wieviel hübscher Sie aussehen werden!

Jetzt müssen Sie den Raum, der durch Ihren langen Hals geschaffen wird, ausfüllen. Einfache, hohe Halsabschlüsse reichen oft nicht aus, speziell dann nicht, wenn sie eng anliegen. Tragen Sie enganliegende und lockere Rollkragen unter Ihren Blusen statt für sich allein. Stehkragen aller Art sind für Sie am besten geeignet, daher sollten Sie die Kragen an klassischen Hemdblusen aufstellen, um eine schöne Wirkung zu erzielen.

Wenn es zu warm ist oder wenn Sie den Schichtenlook nicht mögen, tragen Sie zu all Ihren Blusen eine kurze Halskette. Viele meiner Kundinnen mit langem Hals tragen tagsüber und abends dreireihige Perlenketten, was wunderbar aussieht. Auch Tücher helfen, den großen Halsbereich auszufüllen, und bringen gleichzeitig Farbe und Persönlichkeit in Gesichtsnähe.

Ihre Oberteile sollten locker getragen werden und nie eng anliegen. Gepolsterte Schultern sind zum Verbreitern dieses langen, schmalen Bereichs wirkungsvoller als Raglanärmel oder tief angesetzte Ärmel, die den Hals noch betonen würden. Wenn Sie abfallende Schultern haben, brauchen Sie immer Schulterpolster, nicht nur, um die Schultern zu begradigen, sondern auch als optischen Ausgleich zu Ihrem Hals.

Runde Ausschnitte oder lockere Rollkragen an Oberteilen aus Baumwolle, Jersey, Wolle oder Seide lassen den Bereich weicher erscheinen und wirken an Ihnen besonders feminin.

Am Abend, wenn andere Frauen besonders im Schulter- und Halsbereich mehr Haut zeigen, müssen Sie das Gegenteil tun. Wählen Sie eine umwerfende Bluse oder eine tolle Jacke, die Sie den ganzen Abend über tragen können, um Ihre besten Merkmale vorteilhaft zur Geltung zu bringen, während Sie gleichzeitig nicht zuviel Halsbereich zeigen. Große, farbenfrohe, gestärkte Chiffonblusen können über einem attraktiven Body zusammen mit Rock oder Hose aus Ihrer Abendgarderobe getragen werden. Sie wirken auch schön zu einem einfachen Kleid. Wenn Sie die Bluse offen tragen, sollten Sie zusätzlich eine kurze Straß- oder Perlenkette anlegen.

Das sollten Sie vermeiden
- Enganliegende Oberteile, die für sich getragen werden
- V-Ausschnitte

- Vom Schnitt her nichtssagende Modelle
- Schulterfreie Kleidung
- Dünne Stoffe bei den Oberteilen
- Dünne, lange Ketten, die für sich allein getragen werden (Sie können jedoch den oben beschriebenen Schichtenlook damit ergänzen)
- Raglanärmel oder tief angesetzte Ärmel

EIN DOPPELKINN

Viele Frauen mit Doppelkinn haben gleichzeitig mit einem kurzen oder einem breiten Hals zu kämpfen. Die Tips für den kurzen Hals gelten also auch hier.

Was das Doppelkinn betrifft, so wird es oft noch betont, wenn man versucht, es zu verstecken. Halten Sie diesen Bereich daher lieber offen. Sie können das Auge vom Hals ablenken, indem Sie unter dem Kinn ein wenig Abdeckpuder bzw. Bronzing Powder in einem gedämpften Ton auftragen. Wenn der Hals hell ist, fällt er mehr auf.

Natürlich können Sie sich nicht allein auf Abdeckpuder verlassen, wenn Sie nicht zusätzlich ein Make-up tragen. Für Sie ist Make-up besonders wichtig, um die Aufmerksamkeit von dem fülligen Bereich auf Ihre besten Merkmale zu lenken. Konzentrieren Sie sich auf die Augen, und achten Sie darauf, daß beim Auftragen der Grundierung zwischen Gesicht und Hals keine deutlichen Übergänge sichtbar sind (passen Sie auf, daß die Grundierung nicht mit Ihren Blusen in Kontakt kommt).

Benutzen Sie immer einen Lippenstift, denn das kann ebenfalls von anderen Bereichen ablenken. Tragen Sie außerdem Rouge hoch auf den Wangenknochen auf, um das Gesicht zu «heben» und die Aufmerksamkeit von Ihrem Doppelkinn wegzulenken.

Weitere Tips finden Sie unter «Das sollten Sie vermeiden» in dem Abschnitt für den kurzen Hals.

BREITE SCHULTERN

Breite Schultern in Kombination mit einer fülligen Figur können Frauen überlebensgroß erscheinen lassen. Natürlich können Sie an Ihrer Statur nichts ändern, aber Sie können versuchen, die breite Wirkung etwas zu mildern.

Beginnen wir mit den Stoffen. Für Sie ist es wichtig, Stoffe mit entsprechendem Volumen zu wählen. Je dünner der Stoff und je heller die Farbe ist, desto wuchtiger wird Ihr Oberkörper wirken. Achten Sie jedoch darauf, daß Ihre Pullover und Oberteile nicht allzu strukturiert sind. Sehr flauschige Materialien wie Mohair beispielsweise oder dicke Strickpullover, etwa mit irischen Zopfmustern, lassen Sie noch massiger erscheinen.

GEGENÜBER Lange, lockere Oberteile sind vorteilhaft bei breiten Schultern.

Gemusterte Stoffe können ebenfalls einen Ausgleich zu Ihren breiten Schultern schaffen. Senkrechte Streifen oder Muster lassen die obere Körperhälfte schmaler erscheinen. Obwohl Sie wahrscheinlich einen groben Knochenbau haben, wirken sehr große Muster eher einschüchternd. Sehr kleine Muster passen vom Maßstab her nicht zu Ihrem Knochenbau. Am besten sind Sie mit durchschnittlich großen Mustern bedient.

Ein weiches Umschlagtuch in schönen Farben oder mit interessanten Mustern, über eine Schulter drapiert, läßt den Schulterbereich weicher erscheinen. Schalkragen an Jacken anstelle eines spitzen Revers mit Einkerbungen helfen ebenfalls. Noch besser jedoch sind kragenlose Jacken.

Breite Schultern können eine Frau weniger weiblich wirken lassen, als sie eigentlich ist. Akzentuieren Sie andere Bereiche, um diesen falschen Eindruck zu zerstreuen und Ihre Weiblichkeit zu unterstreichen. Tragen Sie eine weiche Frisur, vielleicht auch Wellen oder Locken. Wenn Sie Ihr Haar gerne hochstecken oder es im Nacken zusammennehmen, sollten sich in Gesichtsnähe einige Strähnen ringeln, damit der Gesamteindruck weicher ist.

Beim Schmuck können Sie sich austoben; er darf ruhig dramatisch wirken. Ihre Körpermaße bringen es mit sich, daß Sie Aufmerksamkeit auf sich lenken. Versuchen Sie nicht, sich zu verstecken. Wenn Sie Ohrringe mögen, sollten sie auffallen. Winzige Ohrstecker sind für eine starke Frau, wie Sie es sind, viel zu unauffällig. Wählen Sie interessante Broschen, die das Auge zur Mitte Ihres Oberkörpers lenken, so daß die Schultern weniger auffallen.

Das sollten Sie vermeiden
- Gepolsterte Schultern generell
- Steife Stehkragen
- Ein breites oder stark ausgearbeitetes Revers
- Enganliegende Oberteile
- Über beide Schultern drapierte Tücher, die vorne geknotet werden
- Waagrechte Muster an Oberteilen
- Auffallende Farbflächen in der oberen Körperhälfte
- Epauletten und/oder zu viele Details an den Schultern

ABFALLENDE ODER SCHMALE SCHULTERN

Schmale Schultern an einer fülligen Frau lenken die Aufmerksamkeit genau dorthin, wo sie sie nicht haben will – in den unteren Körperbereich, wo sie das meiste Gewicht besitzt. Aus diesem Grund muß die obere Körperhälfte aufgebaut werden, ja, Sie sollten sogar größere Oberteile tragen, als Sie eigentlich brauchen, um mehr Ausgleich zu schaffen.

Zuallererst sollten Sie sich auf die Struktur Ihrer Oberteile konzentrieren. Wählen Sie Jacken, die gut ausgearbeitet sind und Form haben. Jacken im bequemen

Cardigan-Stil hängen an Ihnen leider zu schlaff herab und betonen die abfallenden Schultern noch stärker. Achten Sie auf ein ausgearbeitetes Revers (es sollte spitz zulaufen oder eingekerbt und möglichst breit sein). Schalkragen oder kragenlose Jacken sind nichts für Sie.

Für Ihre Freizeitkleidung schmeichelt ein locker sitzendes T-Shirt Ihnen mehr als ein Body, der eng am Körper anliegt. Wenn Sie jedoch die Bequemlichkeit eines Bodys mögen, tragen Sie ihn zusammen mit einer weit geschnittenen Bluse, um im Schulterbereich breiter zu wirken. Wenn Sie eine schöne Taille haben, verknoten Sie die Bluse vorne in der Körpermitte, so daß ein weiter Blousonstil entsteht, der jedes Oberteil größer wirken läßt. Dafür sind jedoch nur leichte Stoffe geeignet. Bei schweren oder steifen Stoffen würde dieser Stil Sie recht stämmig wirken lassen.

Sie können jeden Ausschnitt tragen, vorausgesetzt, Ihre Oberteile besitzen immer Schulterpolster. Der U-Boot-Ausschnitt steht Ihnen jedoch besonders gut.

Bauen Sie, falls nötig, den Busenbereich ein wenig auf, indem Sie einen gut stützenden Büstenhalter tragen, der vielleicht zusätzlich noch ein paar Polstereinlagen enthält. Oft fallen schmale Schultern stärker auf, weil eine Frau nicht viel Busen hat oder keinen vorteilhaften BH trägt.

Auf den Schultern getragene Tücher sind sehr effektvoll und lenken das Auge nach außen. Tragen Sie sie über Mänteln oder einem einfachen Kleid.

Epauletten oder Keulenärmel betonen die Schultern, die sonst zu unbedeutend erscheinen würden.

Schultertaschen können für Sie ein Ärgernis sein, da die Tasche auf Ihren Hüften auf und ab hüpft und von den schmalen Schultern abrutscht. Wenn Sie ein natürlicher Typ sind, vielleicht eine Studentin oder eine Hausfrau mit Kindern, könnten Sie einen Rucksack anstelle einer Schultertasche tragen. Abhängig von der Last, die Sie zu tragen haben, können Sie den Rucksack einfach über eine Schulter werfen und den Riemen unter den Arm klemmen. Für festliche Anlässe leistet eine Unterarmtasche gute Dienste.

Das sollten Sie vermeiden
- Enganliegende Oberteile
- V-Ausschnitte
- Schalkragen oder kragenlose Jacken
- Feine Seiden-, Jersey- oder Baumwollstoffe für die Oberteile
- Lange Ketten oder längliche Tücher
- Raglanärmel

EIN VOLLER BUSEN
Zweifellos kennen Sie viele wirkungsvolle Tricks, um Ihren vollen Busen zu verstecken. Am allerwichtigsten ist ein richtig passender Büstenhalter. Falls Sie in dieser Hinsicht Ihre Zweifel haben, finden Sie in Kapitel 5 weitere Tips.

OBEN Ein Oberteil, das über Busen und Oberarmen spannt, ist unbequem und läßt Sie dicker erscheinen, als Sie sind.

UNTEN Eine lockere Paßform bei Ihren Blusen macht immer schlanker. Bei kurzen Ärmeln sollten Sie darauf achten, daß sie unterhalb der stärksten Stelle des Oberarms enden.

Der beste Rat für eine vollbusige Frau lautet, vom Hals bis zur Taille einfache Kleidungsstücke zu tragen. Die perfekte Kleidung beginnt schon beim Kragen. Ein hoher Kragen, speziell aus einem steifen Stoff wie Leinen oder bestimmten Baumwollstoffen, läßt den Busen noch voller erscheinen. Doch ein tiefer Ausschnitt, obwohl er schlank machen kann, könnte Sie in Schwierigkeiten bringen! Mein Rat lautet, hier einen Mittelweg zu wählen.

Enganliegende Oberteile sind sehr sexy, aber riskant. Tragen Sie lieber ein elegantes, locker sitzendes Oberteil, so daß man nicht das Gefühl hat, daß Sie aus allen Nähten platzen. Details am Kragen oberhalb des Busens lenken das Auge nach oben.

Einteilige Kleider wirken an Ihnen vorteilhafter als Kombinationen, die den Gesamtlook «aufbrechen». Wenn es Ihnen Schwierigkeiten bereitet, passende Kleider zu finden, tragen Sie Kombinationen, deren Farben in der oberen und unteren Hälfte zusammenpassen oder im Ton aufeinander abgestimmt sind. Wenn Sie ein helles Ober- und ein dunkles Unterteil tragen, würden Sie den Busen betonen, speziell dann, wenn Sie gleichzeitig eine kurze Taille haben.

Zu stramm sitzende Gürtel betonen einen vollen Busen ebenfalls. Falls es sich lohnt, die Taille zu betonen, sollten Sie Gürtel mit wenigen oder gar keinen Details wählen. (Verzichten Sie speziell auf glänzende Metallschnallen.)

Bei T-Shirts, Jacken, Pullovern usw. sind längere Längen für Sie vorteilhafter. Eine weite Überbluse zusammen mit einer schlank geschnittenen Hose oder einem einfachen Rock ist immer eine sportliche Kombination für die Freizeit. Wenn Sie Schwierigkeiten haben, Oberteile in großzügiger Paßform zu finden, versuchen Sie es einmal mit den extragroßen Hemden aus der Herrenabteilung.

Da Sie wegen der Größe Ihres Busens wahrscheinlich recht große Jacken kaufen müssen, so daß mehr Stoff vorhanden ist, als Sie im Grunde für die übrige Figur brauchen, sollten Sie die notwendigen Änderungen vornehmen, um Ihre beste Wirkung zu erzielen.

Lassen Sie die Ärmel so kürzen, daß sie am Handgelenk enden. Wenn die Schultern zu breit sind, bitten Sie eine gute Schneiderin, die Jacke vom Kragen abwärts ein paar Zentimeter schmaler zu nähen.

Bei Ihren Röcken wirkt eine schmale Silhouette wegen Ihres vollen Busens vorteilhafter. Versuchen Sie es mit locker sitzenden Röcken, die den Körper umspielen und gerade fallen, wenn Sie stillstehen.

Das sollten Sie vermeiden
- Blusen oder Jacken mit Brusttaschen
- Übertriebene Details an Blusenvorderteilen, beispielsweise Rüschen
- Kurze Ärmel, die über dem breitesten Bereich des Oberarms enden
- Enganliegende Oberteile (Bodys sollten Sie nur unter einem anderen Kleidungsstück tragen)
- Steife Stoffe für Blusen
- Pullover aus flauschigen Materialien

KEINE TAILLE/DICKER BAUCH

Bei einigen ansonsten perfekt proportionierte Frauen besteht das einzige Problem in ihrer vollen Taille. Nach mehreren Geburten oder aufgrund ihrer genetischen Veranlagung sammelt sich das gesamte Übergewicht in der Körpermitte an. So entsteht eine Taille, die eigentlich keine ist und vielleicht sogar vorsteht.

Sie müssen zwei Dinge tun: Tragen Sie Kleidungsstücke mit bequemem Taillenbund und halten Sie den Bereich beispielsweise durch lange Oberteile bedeckt. Noch besser ist es, taillierte Kleidungsstücke insgesamt zu vermeiden und zum Beispiel Kleider anstelle von Röcken zu tragen. Ihre Wahl hängt ganz von Ihrem Lebensstil ab.

Bei den Oberteilen sollten Sie Farben und Muster wählen, die Ihre füllige Taille nicht betonen. Senkrechte Streifen bei Blusen und Jacken wirken besonders gut. Doch bedenken Sie, daß einfarbige Stücke wahrscheinlich besser sind.

Seien Sie bei Details am Saum Ihrer Oberteile vorsichtig. Achten Sie darauf, daß die Oberteile nicht spannen und sich die Verschlüsse leicht schließen lassen. Nichts betont Ihre Leibesfülle mehr als Oberteile, die am breitesten Körperbereich enden und bis zum Gehtnichtmehr gespannt sind.

Weichen Sie auf Stoffmischungen aus, die nicht so schnell Falten werfen wie natürliche Fasern. Waagrechte Dehnfalten lenken die Aufmerksamkeit auf die Bereiche, wo es unangebracht ist. Wenn Bequemlichkeit eine Rolle spielt, sollten Sie keine Kunstfasern tragen, sondern eine Mischung aus Natur- und Kunstfasern. Weiche Stoffe, die die Figur umspielen, sind ebenfalls vorteilhafter als steife Materialien, die über dem Bauch spannen.

Lange Westen und Jacken, die in einem geraden oder abgerundeten umgekehrten V enden, sind für Sie besonders gut geeignet.

DIE WAHL EINER JACKE

Die besten Jacken haben eine schöne und vielseitig kombinierbare Farbe, einen eleganten, lockeren Sitz und enden ober- oder unterhalb der breitesten Körperstelle..

Bei der Wahl einer Jacke müssen Sie die Länge in Betracht ziehen. Ist sie vorteilhaft? Endet sie an der breitesten Körperstelle?

Die Paßform ist sehr wichtig. Achten Sie darauf, daß sich alle Knöpfe schließen lassen und Sie sich frei bewegen können. Fragen Sie sich, ob Details wie Taschen Volumen hinzufügen oder die Aufmerksamkeit auf Bereiche lenken, wo sie unerwünscht ist – etwa auf einen großen Busen oder volle Hüften.

Das sollten Sie vermeiden

- Zweireihige Oberteile
- Aufgesetzte Taschen oder Pattentaschen auf den Hüften
- Oberteile mit auffallenden Mustern
- Strickstoffe, abgesehen von den sehr feinen
- Kurze, hüftlange Kleidungsstücke
- Gürtel

KURZE OBERTAILLE/TAILLE

Bei vielen Frauen setzen sich die Pfunde an der Taille an, so daß es schwierig werden kann, Röcke und Hosen bequem zu tragen. Ein Vorteil bei Gewichtszunahmen in diesem Bereich ist jedoch, daß man sie schnell wahrnimmt und dann durch bewußtere Ernährung oder Gymnastik gegensteuern kann.

Eine füllige Taille wird durch einen kurzen Oberkörper noch betont. Sie können leicht feststellen, ob Sie einen kurzen Oberkörper haben, indem Sie sich mit einem weißen Oberteil und dunklem Rock oder dunkler Hose vor den Spiegel stellen. Stecken Sie das Oberteil in Rock oder Hose. Wirken Sie jetzt in der Mitte wie zusammengequetscht? Wenn Sie einen Taillengürtel tragen, wirken Sie dann noch fülliger, als Sie eigentlich sind, weil einfach nicht genug Raum vorhanden ist? In diesem Fall haben Sie wahrscheinlich einen kurzen Oberkörper. Verzweifeln Sie nicht. Niemand muß wissen, daß Sie sich mit diesem Problem herumschlagen, wenn Sie einige narrensichere Tricks befolgen. Außerdem sind Sie zweifellos mit längeren Beinen gesegnet. Es ist also nicht ganz so schlimm, wie es den Anschein hat.

Wie Sie bereits entdeckt haben, sind lange Oberteile für Sie am vorteilhaftesten. Eine weite Überbluse, die locker über Hosen und Röcken getragen wird, wirkt toll und verhüllt einen kurzen, fülligen Oberkörper völlig. Wenn Sie jedoch schick aussehen wollen und das Gefühl haben, daß eine Überbluse etwas zu leger ist, stecken Sie ein einfaches Oberteil in den Rock und ziehen es locker über den Taillenbund, um die Illusion eines längeren Oberkörpers zu schaffen.

OBEN Kurze Oberteile in auffallenden Farben können eine volle Taille betonen.

UNTEN Längere Oberteile in weicheren Stoffen machen immer schlanker.

Kleider wirken an Ihnen sehr schön, speziell wenn Sie durchgängig eine Größe tragen können (statt unterschiedliche Größen für Ober- und Unterkörper). Wählen Sie lange, locker sitzende Hemdblusen- oder Mantelkleider, die bis auf einen leicht taillierten Schnitt keine besonders stark definierte Taille aufweisen.

Wenn Sie gerne Gürtel tragen, wählen Sie eine zum Oberteil statt zum Unterteil passende Farbe, um die Taille optisch nach unten zu verlegen. Dies funktioniert gut bei dunklen Oberteilen, ist jedoch bei hellen Farben nicht ganz so erfolgreich; ein weißer Gürtel zu einer weißen Bluse ist im Sommer für die Freizeitkleidung in Ordnung, kann jedoch während des restlichen Jahres und bei schickeren Outfits nur begrenzt eingesetzt werden.

Das sollten Sie vermeiden
- Kurze Jacken und auf Figur geschnittene Oberteile
- Jacken und Kleider mit Gürteln (bei Mänteln können Sie den Gürtel locker im Rücken verknoten)
- Starke Farbkontraste im oberen und unteren Bereich
- Tragen Sie Gürtel nur dann, wenn es nötig ist (versuchen Sie die Farbe vom Ton her auf die Farbe Ihres Outfits abzustimmen, statt einen Kontrast herzustellen)
- Enganliegende Oberteile
- Stark gekräuselte Taillen

EINE LANGE TAILLE

Dies ist ein Vorzug, aber gleichzeitig eine Herausforderung. Die Pluspunkte einer langen Taille sind folgende: Sie können Gürtel tragen (wenn Sie eine schöne Taille haben), und Sie können viel aus Ihren Oberteilen machen. Die Schwierigkeit besteht darin, einen Ausgleich zwischen Ihrem längeren Rumpf und Ihren kürzeren Beinen, die gleichzeitig füllig sein können, zu schaffen.

Sie neigen wahrscheinlich dazu, lange Oberteile zu tragen, um Ihren Körperumfang zu verbergen. Wenn Sie dies tun und lange Röcke oder breite Hosen tragen, wirken Sie kleiner und breiter, was nicht Ihr Ziel sein kann. Suchen Sie den breitesten Punkt an Hüften oder Oberschenkeln und lassen Sie Oberteile und Jacken darüber enden. Ihr Ziel sollte sein, die untere Körperhälfte länger wirken zu lassen, und dies erreichen Sie, indem Sie die obere Körperhälfte *verkürzen*.

Bei langen Röcken werden Sie wahrscheinlich feststellen, daß sie an Ihnen sehr lang herabreichen (wahrscheinlich bis zum Fußknöchel), wenn Sie die für Ihren Hüftumfang richtige Größe wählen. Lassen Sie ein paar Zentimeter abschneiden, so daß der Rock knapp unterhalb der Wadenmitte endet.

Befolgen Sie die Ratschläge oben, wenn Hüften und Po füllig sind. Wenn sie nicht zu umfangreich sind, tragen Sie dennoch einfache, locker sitzende Kleidungsstücke in mittleren bis dunklen Farben. Ihre Strumpfwaren sollten vom Ton her zu Ihren Röcken und Schuhen passen.

Wenn Sie wohlgeformte Beine haben und gerne kürzere Röcke tragen, kombinieren Sie diese mit einer längeren Jacke, um eine schöne Wirkung zu erzielen. Eine kurze Jacke paßt am besten zu Ihren langen Röcken und zu Hosen. Zu allen Kleidungsstücken – Röcken wie Hosen – brauchen Sie Schuhe mit kleinem Absatz. Flache Schuhe lassen Ihre Beine noch kürzer wirken.

Das sollten Sie vermeiden
- Sehr lange und weite Röcke
- Flache Schuhe
- Lange Jacken zu langen Röcken
- Überblusen zu breiten Hosen
- Hüfttaschen an Jacken und Strickjacken
- Kleider mit tief angesetzter Taille

KRÄFTIGE ARME

Kräftige Arme können ein Ärgernis für Frauen sein, die nicht unbedingt besonders übergewichtig sind. Einige scheinen einfach die stämmigen Gliedmaßen von Tante Sophie geerbt zu haben, und keine noch so ausgeklügelte Diät kann hier etwas ausrichten. Mit zunehmendem Alter strecken wir unsere Arme immer weniger ganz aus, was selbst bei sehr zierlichen Frauen zu schlaffen Oberarmen führen kann. Bei gewichtigen Schönheiten, die über 35 sind, kann dieses Problem die Stilmöglichkeiten schon einschränken, speziell was die Abend- und die Sommerkleidung betrifft.

Die gute Nachricht ist, daß Gymnastik dicke Arme tatsächlich strafft, wobei man den Unterschied schnell (beispielsweise schon nach einem Monat regelmäßiger Schwimmbadbesuche) sehen kann. Wenn Ihre fülligen Arme Sie also wirklich stören, sollten Sie mit einigen speziellen Übungen etwas dagegen unternehmen.

Bis Ihre Arme die gewünschte Form wiedererlangt haben, sollten Sie die folgenden Tips in Betracht ziehen: Lange Ärmel verstecken kräftigere Arme zwar, aber sie sollten gleichzeitig locker sitzen. Enge Ärmel können die Aufmerksamkeit auf die Arme lenken. Blusen und Oberteile sollten locker sitzen, statt anzuliegen – eine weite, klassisch geschnittene Bluse aus einem guten Baumwollstoff versteckt mehr als ein Poloshirt aus Jersey, das am Körper klebt.

Westen, die im Schichtenlook über Blusen getragen werden, lenken das Auge von den Armen ab, während gleichzeitig mit Farbe und Design Reize geschaffen werden, ohne daß das Volumen einer normalen Jacke, das stören könnte, vorhanden wäre. Ein weiterer Trick besteht darin, ein attraktives längliches Tuch über Blusen zu tragen, was schlank macht und einen Ausgleich zu den Armen schafft. Lange, dickere Perlenketten haben dieselbe Wirkung.

Für den Sommer sollten Sie sich nach durchsichtigen Oberteilen umsehen, die Sie über dem Badeanzug oder über ärmellosen T-Shirts zu Röcken und Hosen tragen. Rollen Sie die Manschetten bis knapp unter den Ellbogen hoch, um Ihre hüb-

Enganliegende Kleidung mag modisch sein, aber sie ist nicht immer vorteilhaft.

schen Unterarme zu zeigen, und setzen Sie schön manikürte Fingernägel, Armreifen und Ringe ein, um die Aufmerksamkeit an die gewünschte Stelle zu lenken.

Das sollten Sie vermeiden
- Kurzärmlige oder ärmellose Oberteile
- Enganliegende Oberteile
- Dickstrukturierte Pullover und Oberteile
- Kastenförmige, steife Jacken
- Sehr feine Stoffe bei Blusen

VOLLE HÜFTEN/GROSSER PO

Wie können Merkmale, die im nackten Zustand so sinnlich wirken, bei der Kleidung nur solche Probleme verursachen? Statt Zuflucht bei den Nudisten zu suchen, müssen Sie nur lernen, wie Sie die Fülle Ihrer Hüften im Vergleich zu Ihrem übrigen Körper ausgleichen können, indem Sie den richtigen Stil und die entsprechenden Stoffe für Röcke und Hosen wählen.

Volle Hüften werden zum Problem, wenn sie im Verhältnis zum übrigen Körper zu umfangreich sind. Sie müssen also versuchen, sie schmaler wirken zu lassen. Dies erreichen Sie, indem Sie schön fallende Stoffe tragen statt Stoffe und Designs, die kaschieren. Steife, auf Figur geschnittene Kleidungsstücke passen Ihnen möglicherweise, lassen aber Ihre Hüften stärker erscheinen, als sie tatsächlich sind. Der Unterschied zwischen Hüften und Taille kann Schwierigkeiten bereiten. Aus diesem Grund sollten Sie Röcke und Hosen mit Gummizugbund wählen.

Ihre Röcke sollten flattern und locker sitzen. Wenn Sie stillstehen, sollten sie nicht abstehen. Daher sind Jerseys, Strickstoffe, geschmirgelte Seide und Mikrofasern am besten geeignet.

Hosen sind vielleicht nicht so gut geeignet, speziell dann, wenn Ihr Po wirklich sehr ausgeprägt ist. Wenn der Po füllig, aber flach ist, können Sie Hosen und Hosenröcke tragen. Wenn jedoch die Einbuchtung an der Taille von der Seite her betrachtet im Vergleich zum Po sehr auffällig ist, überspielen Sie Ihre natürlichen Vorzüge besser, statt sie mit Hosen noch zu betonen.

Tragen Sie lange Oberteile, die über Ihren stärksten Punkt hinausreichen und an der Stelle enden, wo Sie wieder schmaler werden. So wirken Sie größer und weniger füllig um den Po herum. Wichtiger jedoch ist, die Aufmerksamkeit auf andere Körperteile zu lenken, die Sie lieber vorzeigen – einen schönen Busen, wunderbare Schultern, tolle Fußknöchel oder etwas anderes.

Tragen Sie in der unteren Körperhälfte dunklere Farben, da so weniger Aufmerksamkeit auf den Po gelenkt wird. Im oberen Bereich sollten Sie jedoch nicht unbedingt auf Nummer Sicher gehen. Der Trick funktioniert nur, wenn Sie bei Ihren Blusen, Jacken und Tüchern von Farbe und Design her auffälligere Teile wählen, während der untere Bereich mit dunkleren Farben und einfachen Schnitten neutralisiert wird.

Wenn der untere Körperbereich sehr füllig ist, sind für einen eleganten Look kräftige Schuhe erforderlich. Sehr hohe Absätze sind nicht nur unbequem, sondern wirken auch lächerlich, und flache Schuhe lassen Sie noch fülliger aussehen. Versuchen Sie es mit einem leicht erhöhten, recht breiten Absatz. Er sollte auf keinen Fall zu schmal sein. Pumps sind sehr vorteilhaft, vor allem wenn sie weit ausgeschnitten sind, so daß Ihre Füße noch länger und hübscher wirken.

Das sollten Sie vermeiden
- Gerade Röcke
- Enge Hosen und Röcke
- Shorts
- Helle Farben und Muster in der unteren Körperhälfte
- Glänzende, dünne, steife oder voluminöse Stoffe für Hosen und Röcke
- Kurze Oberteile sowie in Rock oder Hose gesteckte Blusen
- Klobige Gürtel

STARKE OBERSCHENKEL

Es gibt einen Trost (aber nur einen!) bei starken Oberschenkeln: Sie tragen Ihr Gewicht in einem Bereich, in dem es die geringsten Gesundheitsprobleme verursacht. Bei Frauen hingegen, die am Bauch fülliger sind, wird das Herz stärker belastet. Starke Oberschenkel sind also das geringere Gesundheitsrisiko, verursachen jedoch oft große Probleme, wenn man gut aussehen möchte.

Viele Frauen legen in bezug auf ihre starken Oberschenkel eine Müllbeutelmentalität an den Tag – sie versuchen, sich von Kopf bis Fuß unter einem riesigen, sackartigen Kleidungsstück zu verstecken. Und siehe da – wo spannt es am stärksten? Genau in der Zellulitiszone in der Mitte der Oberschenkel.

Sie müssen ähnliche Ratschläge wie Frauen mit vollen Hüften und starkem Po befolgen, das heißt, Ihre Röcke und Hosen sollten einfach und dunkel gehalten sein. Röcke verstecken dicke Oberschenkel bequemer als Hosen, obwohl Hosen an Frauen, deren Oberschenkelproblem nicht so stark ausgeprägt ist, gut aussehen. Die

Derselbe Rockstil, aber verschiedene Stoffe. Weich eingelegte Falten mit einem Gummizugbund fallen gerade und machen selbst in einer helleren Farbe schlanker (LINKS). Steifere Materialien, etwa ein Crincle-Stoff aus Mikrofaser (RECHTS), haben mehr Volumen und können Sie fülliger wirken lassen.

Röcke sollten jedoch aus einem stärkeren Material bestehen, das weder dick noch leicht ist. Wenn der Stoff dünn ist, muß der Rock gefüttert sein. Sie können auch einen Halbrock darunter tragen, damit der Stoff nicht am Körper klebt.

Bei starken Oberschenkeln ist der Stil des Rocks nicht so wichtig wie die Unterwäsche, die Sie darunter tragen. Wenn Sie noch nie ein Korselett mit angeschnittenem Bein getragen haben, sollten Sie dies vielleicht in Betracht ziehen. Auch Strumpfhosen mit verstärktem Oberteil und stützendem Halt im Oberschenkelbereich wirken Wunder. Auf diese Weise können Sie um Zentimeter schlanker wirken, ohne daß Sie sich weiter anstrengen müssen (von der Mühe beim Anziehen, die nicht unterschätzt werden sollte, einmal abgesehen). Sie brauchen derartige Stützmittel, wenn Sie gerne Strickstoffe oder dünne, enganliegende Abendkleidung tragen. Starke Oberschenkel sind schließlich nicht so ärgerlich wie wabbelige.

Auch mit starken Oberschenkeln können Sie Hosen oder Hosenröcke tragen, wenn diese nicht zu stark auf Figur geschnitten sind, sondern locker fallen. Je besser der Stoff ist, desto schöner die Wirkung. Achten Sie einfach darauf, daß im Oberschenkelbereich nichts spannt. Wenn der Schnitt zu eng ist, wählen Sie die nächste Größe. Wenn diese an den Oberschenkeln immer noch nicht paßt, entscheiden Sie sich lieber für einen Rock. Nichts läßt Oberschenkel dicker wirken als eine enge Hose. Falsch – auf Shorts trifft das *immer* zu.

Das sollten Sie vermeiden
- Gerade Röcke
- Dünne oder schwere Stoffe für Röcke oder Hosen
- Helle Farben oder auffallende Muster in der unteren Körperhälfte
- Shorts

- Niedrige/klassische Beinausschnitte bei Badeanzügen
- Keine Strumpfhose zu tragen
- Hohe Absätze oder flache Schuhe
- Schwere Schuhe wie Doc Martins oder Sportschuhe (es sei denn, Sie treiben Sport)
- Leggings und Reiterhosen
- Oberteile, die in der Mitte der Oberschenkel enden
- Hüft- oder Pattentaschen an Jacken, Cardigans oder Röcken

KRÄFTIGE UNTERSCHENKEL

Kräftige oder unförmige Unterschenkel sind für viele Frauen eine wahre Herausforderung, und oft sind diese Frauen nicht einmal besonders dick. Auch starke sportliche Betätigung ändert scheinbar nichts an der Form der Waden. Daher sollten Sie die Wirkung Ihrer Beine auf Ihren Gesamtlook möglichst gering halten.

Sich auf ein Leben mit Hosen einzustellen ist eine drastische Maßnahme und unnötig, es sei denn, Sie lieben Hosen. Stellen Sie sich vor einen Spiegel und legen Sie die beste Länge für Ihre Röcke fest. Lassen Sie sich dabei von einer guten Freundin beraten. Wenn die Waden nicht zu kräftig sind, können die Röcke knapp darüber enden. Sind sie jedoch schwer, tragen Sie am besten schöne längere Röcke, die knapp über den Fußknöcheln enden.

Die Verbindung zwischen den Farben von Schuhen, Strumpfwaren und Rock ist besonders wichtig. Um die Wirkung der Beine am besten zu neutralisieren, sollten die Röcke von mittlerer bis dunkler Farbe sein, wobei die Strumpfwaren vom Ton her zum Rock und zu den Schuhen passen. Falls Sie keine Krampfadern oder fleckigen Hautbereiche an den Beinen haben, können Sie durchsichtige Strumpfwaren tragen (speziell im Frühling und Sommer).

Das sollten Sie vermeiden
- Kurze Röcke
- Enge Leggings
- Gerade Röcke
- Helle Farben für Kleider und Röcke
- Helle Strumpfwaren und Schuhe
- Extreme Schuhmoden, etwa zu klobige oder zu leichte Schuhe

GROSSE FÜSSE

Das Hauptproblem bei großen Füßen besteht darin, attraktive Schuhe zu finden. Wahrscheinlich haben Sie bereits ein paar verläßliche Quellen, doch Sie müssen bei der Wahl auf einen Schuhstil achten, der Ihren Fuß schön ergänzt.

Breite Füße kommen in einem einfachen Pumps am vorteilhaftesten zur Geltung. Schnürschuhe verstärken einen vollen Fuß noch, es sei denn, sie müssen aus

Strickwaren

In schicken Strickwaren können Sie toll aussehen und sich wohl fühlen. Sie sind in einer Vielzahl an Farben in den verschiedensten Preisklassen erhältlich und sollten in der Garderobe einer jeden modernen Frau eine wichtige Rolle spielen.

HOSEN

Ein Gummizugbund in der Taille ist bequem, doch eine zu starke Kräuselung läßt Sie fülliger aussehen, als Sie sind.

Klassisch geschnittene Hosen aus steifen Stoffen können Falten werfen und über einer vollen, kurvigen Figur spannen.

Hosen aus weichen Materialien mit einer leichten Kräuselung, aber einem flachanliegenden Sattel über dem Bauch, wirken an den meisten Frauen attraktiv.

orthopädischen Gründen getragen werden. Wählen Sie einen Stil, der im Zehenbereich eher spitz und nicht rund ist. Achten Sie auch auf einen leichten Absatz, der nie höher als 4 cm und kräftig sein sollte (Pfennigabsätze sind also für Sie nicht geeignet).

Das sollten Sie vermeiden
- Zierliche Modelle
- Sehr hohe Absätze
- Zu viele Details wie Knöpfe und Schleifen
- Mehrfarbige Schuhe
- T-förmige oder Knöchelriemchen

Wenn Sie große, aber keine breiten Füße haben, stehen Ihnen mehr Modelle zur Auswahl, vorausgesetzt, sie lassen Ihren Fuß nicht größer wirken. Dunklere Farben sind besser als helle. Slipper aus der Herrenabteilung sind für die Freizeit schöne Alternativen und wahrscheinlich preiswerter als Damenmodelle, die speziell angefertigt werden.

KAPITEL 5

Eine feste Grundlage

Es hat keinen Zweck, Zeit für die Planung einer Garderobe aufzubringen und Geld für hübsche Kleidung auszugeben, wenn es Ihnen völlig egal ist, was Sie darunter tragen. Der «Unterbau» für Ihre Kleidung – BHs, Schlüpfer, Strumpfwaren usw. – hat Auswirkungen auf den Gesamteindruck Ihres Looks.

Wenn Sie die Bedeutung guter Unterwäsche noch in Zweifel ziehen, gönnen Sie sich eine Tasse Kaffee in einem Straßencafé, um die vorübergehenden Menschen zu beobachten und sich an guten wie schlechten Beispielen zu ergötzen. Für dieses Experiment ist der Sommer am besten geeignet. Beachten Sie als erstes die Frauen in enganliegenden Bodys, unter denen sie Spitzen-BHs tragen. Sie könnten genausogut Pfeile tragen, die auf ihren Busen weisen, denn Spitze unter engen oder dünnen Oberteilen fordert direkt zum Hinschauen auf. Wieder andere Frauen tragen anschmiegsame Blusen, unter denen sich BHs abzeichnen, die zu eng sind, so daß überall Fettwülste sichtbar sind. Oft sieht man auch Frauen mit einer sonderbaren Anzahl von Brüsten. Es waren doch nicht etwa vier? Oder handelt es sich etwa um eine Riesenbrust anstelle von zwei Brüsten? Komisch sitzende Büstenhalter bieten Unterhaltung für Stunden.

Eine weitere Katastrophe sind Slips, die sich abzeichnen, was unter leichten Stoffen oder bei schlechtsitzenden Exemplaren, über denen keine Strumpfhose getragen wird, noch auffälliger ist. Oder die Wülste an der Taille, die von zu engen Miederhosen herrühren. Die Liste möglicher Pannen ist lang.

Ja, es stimmt! Fülle ist schön, wenn Sie einen Büstenhalter in der richtigen Größe und mit der entsprechenden stützenden Wirkung tragen.

LÄSST IHRE UNTERWÄSCHE SIE IM STICH?

Um festzustellen, wie gut Sie Ihr Erscheinungsbild, angefangen bei der Unterwäsche, vorbereiten, beantworten Sie die folgenden Fragen. Kreuzen Sie die Antwort an, die für Sie am ehesten zutrifft.

	Ja	Nein
1. Ich habe mir in den letzten drei Jahren für meine BH-Größe in einem Fachgeschäft Maß nehmen lassen	○	○
2. Ich habe verschiedene BH-Modelle in mehreren Farben, die zu den unterschiedlichen Stoffen und Ausschnitten, die ich trage, passen	○	○
3. Ich kaufe neue Slips erst dann, wenn ich nur noch ein Paar besitze	○	○
4. Ich trage erotische Unterwäsche, weil ich mich dann den ganzen Tag lang weiblich fühle	○	○
5. Im Sommer ist es für Strumpfhosen zu heiß, daher verzichte ich in dieser Jahreszeit darauf	○	○
6. Unterröcke sind unnötig und eine sinnlose Ausgabe	○	○
7. Mein Partner haßt große Baumwollslips; aus diesem Grund trage ich nur seidene Tangas	○	○
8. Mein Bauch ist nicht straff; daher trage ich lieber Strumpfhosen und keine Strümpfe	○	○
9. Meine Hauptsorge gilt der Paßform eines Badeanzugs; das Modell ist nicht so wichtig	○	○
10. Korseletts sind nur etwas für alte Frauen!	○	○

ANTWORTEN

1. **Ja**   Wenn Sie sich nicht in einem Fachgeschäft haben messen lassen, tragen Sie wahrscheinlich die falsche Größe und machen nicht das Beste aus Ihrer Figur. Auf den Seiten 95–97 erfahren Sie, wie Sie die richtige Größe und das richtige BH-Modell für sich finden.

Verführerische BH-Hemden ohne stützende Wirkung sollten Sie lieber fürs Schlafzimmer aufheben.

2. **Ja**   Sehr gut. Sie wissen, wie wichtig die richtige Farbe sowie die korrekte Paßform Ihres BHs für Ihre Oberteile ist.

3. **Nein**   Sie sollten Ihre Unterwäsche mindestens zweimal jährlich auffüllen, vorausgesetzt, Sie haben einen guten Vorrat, der trotz Verschleiß und häufiger Wäsche immer ausreicht. Wenn Sie sich beispielsweise zwei Paar neue Slips kaufen, rangieren Sie dieselbe Menge an alten aus und arbeiten sie zu Wischtüchern um. Abgetragene, überdehnte Slips sollten nie Ihre Schubladen verstopfen, denn das könnte Sie dazu verleiten, sie immer noch anzuziehen, womit Sie Ihrem Aussehen nicht gerecht würden.

4. **Nein**   Erotische Unterwäsche trägt man am besten für sich allein und nicht unter der normalen Kleidung. Wegen des aufreizenden Designs und der leichten Verarbeitung würden Ihre fülligen Bereiche dauernd hüpfen und wabbeln. Wenn Sie den ganzen Tag lang solche Wäsche getragen haben, fühlen Sie sich wahrscheinlich eher erschöpft, statt in Stimmung zu sein!

5. **Ja und nein**   Wenn Sie sich im Sommer mit Freunden entspannen oder Urlaub machen, würden Sie wahrscheinlich nicht im Traum daran denken, sich in Lycra zu zwängen. Doch im Berufsleben oder bei festlichen Anlässen sollten Sie schon Strumpfwaren tragen. Es gibt sie in vielen Ausführungen, die Sie im Sommer elegant wirken lassen und gleichzeitig für Bequemlichkeit sorgen. Auf Seite 99 finden Sie weitere Einzelheiten.

6. **Nein**   Ein Unterrock kann preiswerte Röcke und Kleider doppelt so teuer wirken lassen, denn er sorgt für einen besseren Fall. Nichts offenbart die Fülle Ihrer Oberschenkel übrigens besser als ein enganliegender Rock.

7. **Nein**   Wenn Ihr Partner keine großen Baumwollslips mag: Er muß sie ja nicht anziehen! Was Sie den ganzen Tag über unter Ihrer Kleidung tragen, ist allein *Ihre* Sache, denn Sie wissen, daß bequeme Wäsche Sie gepflegt aussehen läßt. Zu

Hause können Sie dann in die aufregendere Wäsche schlüpfen, die Sie und er für ein intimes Beisammensein bevorzugen.

8. **Ja** Tatsächlich sind Strumpfhosen wunderbar geeignet, hüpfende Fettpolster unter Kontrolle zu halten, speziell dann, wenn Sie gerne auf Figur geschnittene Kleidung tragen. Sparen Sie sich Strümpfe für weite und längere Röcke oder Kleider auf.

9. **Ja und nein** Die Paßform Ihres Badeanzugs ist wichtig, doch dasselbe trifft auch auf das Modell zu. Sie sollten sich also nicht einfach nur mit einer guten Paßform zufriedengeben. Fragen Sie sich, ob Farbe und Modell vorteilhaft für Sie sind. Wenn nicht, sollten Sie weitersuchen, bis Sie eine bessere Alternative finden. An einem guten Badeanzug, der richtig gepflegt wird, können Sie jahrelang Freude haben. Auf den Seiten 100/101 finden Sie weitere Informationen.

10. **Nein** Obwohl viele ältere Frauen einen «eingeschnürten» Look gegenüber dem natürlichen bevorzugen, gibt es für Frauen aller Altersgruppen anstelle der altmodischen Korseletts einige wunderbare neue Alternativen in allen möglichen Größen und Formen. Auf Seite 97 erfahren Sie mehr.

BÜSTENHALTER UND BUSTIERS

Die Wahl des richtigen Büstenhalters ist nicht so einfach, wie es vielleicht den Anschein hat. Natürlich sind BHs normalerweise nach Größe und Modell geordnet, doch Abweichungen im Design und bei den einzelnen Herstellern können zu unterschiedlichen Paßformen führen. Sind Sie schon einmal ins Kaufhaus geeilt, haben sich ein Modell geschnappt, das Ihrer Meinung nach Ihrem Lieblingsstück recht ähnlich sah und die richtige Größe hatte, um dann zu Hause verärgert festzustellen, daß es überhaupt nicht richtig saß?

Bei der Wahl des richtigen Büstenhalters sollten Sie zuerst einmal feststellen, wie zweckmäßig Ihr jetziger Vorrat ist, und dann die zu Ihrer Garderobe passenden Modelle herausfinden.

SORTIEREN SIE IHRE BÜSTENHALTER

Schauen Sie mal in Ihren Schubladen nach und holen Sie alle BHs heraus. Wußten Sie, daß es so viele sind? Was ist das Besondere an Büstenhaltern? Wenn wir einen neuen kaufen, werfen wir die alten nie weg, sondern behalten sie «für alle Fälle». Doch da die neuen Modelle in besserem Zustand sind, tragen wir die alten eigentlich nie und müssen sie jeden Tag durchwühlen, um an die neueren zu gelangen. Am besten werfen Sie diese Relikte noch heute weg, um dann zu sehen, was noch vorhanden und tragbar ist.

Trennen Sie jetzt die bequemen Büstenhalter von den kneifenden und etwas ausgeleierten, die Sie nicht gerne tragen. Überprüfen Sie Größe und Modell der schlecht sitzenden. Sehen sie genauso aus wie Ihre besseren BHs? Wenn nicht – was ist anders an ihnen? Auch wenn Sie einzelne Modelle kaum getragen haben, lohnt es sich nicht, die Schubladen mit ihnen zu verstopfen. Legen Sie sie weg, um sie später in die Altkleidersammlung zu geben.

Ziehen Sie jetzt die BHs an, die Ihrer Meinung nach gut passen. Ziehen sie sich im Rücken hoch, während die Körbchen vorne herabhängen? In diesem Fall ist der BH zu klein und das Modell nicht das richtige für Sie. Füllt Ihr Busen die Körbchen aus, oder werfen sie irgendwo Falten? Trifft letzteres zu, ist die Cup-Größe zu groß. Quillt Ihr Busen oben heraus? Wenn Sie vollbusig sind und einen zu kleinen BH tragen, wird man, wenn Sie angekleidet sind, den Eindruck haben, daß Sie vier Brüste haben. Sie brauchen eine größere Cup-Größe. Der «Wonderbra»-Effekt ist nur etwas für Frauen mit kleinem Busen.

Sie sind verwirrt? Dann stehen Sie nicht allein da. Wenn Sie während der letzten fünf bis zehn Jahre dieselbe BH-Größe getragen haben, ist es wahrscheinlich heute die falsche. Körperformen können schwanken, was auch auf die Busenform und -größe zutrifft. Die Elastizität der Brust kann sich durch Schlankheitskuren, Schwangerschaft, Stillen und Alter dramatisch verschlechtern. Straffe Brüste, die früher einmal der Schwerkraft zu widerstehen schienen, können sich innerhalb eines Jahres so verändern, daß man für eine schöne Wirkung eine neue BH-Größe und ein anderes Modell braucht.

Untersuchungen von Marks & Spencer, dem größten britischen Einzelhändler für Unterwäsche, ergaben, daß die meisten Frauen mit Kleidergröße 40 und darüber BHs ohne Bügel bevorzugen, obwohl sie eigentlich die Gruppe sind, die diese

94

1 Der falsche Büstenhalter ist sowohl unbequem als auch unvorteilhaft.

2 Ein matronenhafter Busen entsteht, wenn die Cup-Größe zu klein ist oder das Modell nicht genug Halt bietet.

3 Die falsche Größe beim BH kann sich verheerend auswirken. Sehe ich da etwa gar vier Brüste?

4 Achten Sie besonders darauf, daß Farbe und Design Ihrer Büstenhalter zu Ihren Oberteilen passen.

5 Der richtig ausgewählte BH macht das Beste aus Ihrer Form und läßt Sie zudem schlanker wirken.

DREI BUSENTYPEN

Durchschnitt Die Brust braucht etwas Hilfe, um eine schöne Form zu bekommen. Ohne stützenden BH wirkt sie flacher, als sie ist.
Fest «Elastischer» und spitzer. Hier gibt es die größte Modellauswahl. Im allgemeinen, aber nicht immer, findet man diese Brust bei jüngeren Frauen.
Weich Die Brust braucht einen richtig geschnittenen Büstenhalter, um schön geformt zu sein. Ohne Unterstützung hängt sie herab.

am ehesten brauchen würde. Man fand auch heraus, daß die Mehrzahl die falsche Größe trug, nämlich immer BHs, die zu klein waren.

Wenn Sie einen vollen Busen haben, waren Ihre Erfahrungen mit den traditionellen Bügeln in BHs vielleicht negativ, da Bügel sich ins Fleisch drücken können; dies kann recht schmerzhaft sein, wenn man einen solchen BH den ganzen Tag über trägt. Frauen mit besonders schwerer Brust leiden zusätzlich an schmerzenden Schultern, wenn sich die Träger aufgrund der schweren Last ins Fleisch drücken.

DER RICHTIGE STÜTZBÜSTENHALTER

Traditionelle Büstenhalter entsprechen nicht den Bedürfnissen besonders reichlich bedachter Frauen, auch wenn die Größe stimmt und das Modell bequem sitzt. Sie müssen sich nach speziellen Kollektionen umsehen, die man heute glücklicherweise immer häufiger in den Haupteinkaufsstraßen und in Versandhauskatalogen findet. Richtiger Halt bedeutet eine großzügige Cup-Größe, die Ihre Last aufnimmt, aber auch zusätzlich gepolsterte und breite Schulterträger, die sanfter zur Haut sind. Das Modell sollte immer Bügel haben und so geschnitten sein, daß die Brüste «angehoben und geteilt» werden, so daß eine schöne, weibliche Form entsteht. Ein Büstenhalter, der einfach nur alles zusammenhält, so daß die Trägerin wie eine Matrone aussieht, ist für keine Frau vorteilhaft.

Die einzige Möglichkeit festzustellen, ob ein BH Ihren Bedürfnissen entspricht, besteht in einer Anprobe. Doch verlassen Sie sich nicht allein auf Ihr Urteil. Lassen Sie sich von einer Fachkraft in einem Wäschegeschäft beraten. Sie wird Ihnen sagen können, ob der Büstenhalter seine Aufgabe auch richtig erfüllt. Bei gutem Sitz sollten Sie gleich drei BHs (in verschiedenen Farben) kaufen und sich Größe und Modell merken, wenn Sie Ersatz kaufen müssen.

LASSEN SIE SICH VON EINER FACHKRAFT BERATEN

Nachdem Sie zu Hause selbst Maß genommen und erkannt haben, daß Sie wahrscheinlich die falsche BH-Größe tragen, besteht der nächste Schritt in der Beratung durch eine Fachkraft. Sie sollten Ihre Größe alle drei bis fünf Jahre in einem Fachge-

SO NEHMEN SIE BEI SICH MASS

Schritt eins Messen Sie die Unterbrustweite, das heißt, führen Sie das Maß-
band unter der Brust um den Körper herum. Nun kennen Sie Ihre BH-
Größe.

Schritt zwei Messen Sie den vollsten Bereich der Brust für die Cup-Größe,
das heißt, messen Sie waagrecht über der stärksten Stelle der Brust. Das Maß-
band muß dabei die Schulterblätter bedecken.

Wenn die Cup-Größe
bis zu 5 cm größer als die BH-Größe ist, brauchen Sie Cup B;
bis zu 7,5 größer ist, brauchen Sie Cup C;
bis zu 10 cm größer ist, brauchen Sie Cup D;
bis zu 12,5 größer ist, brauchen Sie Cup DD;
bis zu 15 cm größer ist, brauchen Sie Cup E;
bis zu 18 cm größer ist, brauchen Sie Cup F;
bis zu 20 cm größer ist, brauchen Sie Cup G;
bis zu 23 cm größer ist, brauchen Sie Cup H;
bis zu 25,5 cm größer ist, brauchen Sie Cup I.

schäft neu messen lassen, ja vielleicht sogar jedes Jahr, falls Sie ein Baby bekommen
haben oder sich Ihr Gewicht verändert hat (schon fünf Kilo können hier viel ausmachen).

Auch wenn die Messungen im Geschäft die zu Hause (nach den obigen Richtlinien) durchgeführten bestätigen, sollten diese Maße nur ein Ausgangspunkt für Sie
sein. Da die Form des Busens bei jeder Frau anders ist, kann eine fachlich geschulte
Person gleich auf den ersten Blick erkennen, welches Modell und welche Größe für
Sie am besten geeignet ist. Erklären Sie ihr, welche Wirkung Sie erzielen wollen und
was für Ausschnitte, Stoffe und Kleidungsstücke Sie tragen. Enganliegende Bodys
und Strickwaren brauchen eine glattere Unterlage als locker sitzende Blusen. Tiefere
Ausschnitte und Kleidungsstücke mit freiem Rücken und ohne Träger brauchen ein
spezielles Darunter. Sie sollten auch nicht schüchtern sein und verschweigen, daß
Sie in bestimmten Kleidern oder zu speziellen Anlässen sexy aussehen wollen. Eine
Fachverkäuferin sollte in der Lage sein, Ihnen Modelle für den Tag und den Abend
zu zeigen.

DIE FARBZUSAMMENSTELLUNG
Obwohl es BHs in allen erdenklichen Farben gibt, brauchen Frauen nur zwei Farben, die zu dem Großteil ihrer Garderobe passen: Weiß oder Hautfarbig für Büsten-

halter, die sie unter weißen und pastellfarbenen Oberteilen tragen, sowie einen schwarzen BH, der unter kräftigen und dunklen Farben getragen wird. Welche Farben Sie ansonsten noch wählen, hängt von Ihren persönlichen Vorlieben und Ihrem Budget ab.

SCHLÜPFER, MIEDERHOSEN, PANTIES, SLIPS & CO.

Anders als beim Büstenhalter können Sie Ihre Slips selbst auswählen. Niemand muß Ihnen sagen, welches Modell vorteilhaft ist und welches Sie im Stich läßt, denn das haben Sie mit der Zeit selbst herausgefunden.

Kramen Sie all Ihre Slips und Miederhosen aus der Schublade hervor und legen Sie jene an die Seite, die ihre beste Zeit hinter sich haben, also alle Modelle mit ausgeleiertem Taillengummi, eingerissener Spitze, Verfärbungen usw. Welche der noch verbliebenen Modelle können Sie bequem unter Hosen tragen? Haben Sie genug, wenn Sie oft Hosen tragen? Nichts ist ärgerlicher als ein Slip, der ständig verrutscht. Das beste Modell für Hosen ist der Taillenslip beziehungsweise die Miederhose, die das ganze Gesäß bequem bedecken. Solche Modelle sind natürlich nicht sehr sexy, aber sie erfüllen ihre Aufgabe am besten.

Tangas sind nur für Frauen mit straffem Po geeignet, denen es nichts ausmacht, wenn die Schnur den ganzen Tag über zwischen den Pobacken verschwindet. In diesem Fall muß man sich keine Sorgen machen, daß sich die Unterwäsche abzeichnet, doch wenn die Pobacken stark wackeln, sieht dies auch nicht gerade schön aus.

Unter enganliegenden Röcken und Kleidern sollten Sie lieber etwas bequemer sitzende und keine enganliegenden Slips tragen. Am besten sind Modelle mit hoher Taille, die sich nicht im fülligeren Hüftbereich abzeichnen. Solche Modelle sehen speziell dann gut aus, wenn sie einen höheren Beinausschnitt haben. Achten Sie jedoch darauf, daß der Po gut bedeckt ist. Meiden Sie Slips mit vielen Details, besonders am Bein, da sich diese unter der Kleidung abzeichnen können. Eine

Tangas (OBEN) können für sich allein toll aussehen, führen aber unter enganliegender Kleidung zu großen Problemen. Tragen Sie solche Modelle lieber nur zu Hause in Ihrer Freizeit, es sei denn, Ihre Schenkel und Pobacken sind straff. Ein gut passender Slip (UNTEN) kneift an keiner Stelle.

weitere Möglichkeit sind auch gut gearbeitete Langbein-Panties mit flachen Saumabschlüssen. Sie formen den Oberschenkel sanft.

Seidenshorts sollten nur zu Hause getragen werden, denn sie sind kein zuverlässiges Darunter für Ihre Kleidung, da sie sich immer nach oben schieben und dann sichtbare Wülste bilden. Natürlich müssen Sie unter glattanliegender Kleidung bei Ihren Slips auf einen besonders guten Sitz achten. Unter locker fallenden Kleidern und Röcken tragen Sie einfach das, was bequem ist.

Miederhosen – in Schlüpferform oder mit angeschnittenem Bein – können Wunder wirken, aber die Trägerin auch zur Verzweiflung treiben. Hier sollten Sie sich ebenfalls in einem Fachgeschäft beraten lassen. Wenn Sie gerne das Gefühl haben, daß alles zusammengehalten wird und Sie nicht ständig den Bauch einziehen wollen, sind Miederhosen für Sie möglicherweise die geeignete Lösung. Falls Sie bisher noch nie eine Miederhose getragen haben, wählen Sie für den Anfang ein Modell mit minimalem Halt, und probieren Sie aus, wie lange Sie es bequem tragen können.

Stark korrigierende Miederhosen können Sie um Zentimeter schlanker machen, andererseits aber die natürliche Bewegung dermaßen einschränken, daß Sie das Gefühl haben, in einer Zwangsjacke zu stecken. Ich habe einmal eine solche Miederhose unter dem Rock getragen, als die Röcke kurz und eng und einfach ein Alptraum waren. Jedesmal, wenn ich mit einem Bein einen Schritt nach vorn machte, schnellte das andere Bein unwillkürlich hinterher. Wenn ich hinter einem Taxi herjagte, hatte ich das Gefühl, in einer Gummischleuder die Straße hinunterkatapultiert zu werden! Der andere Nachteil sehr enger Miederhosen oder Hüfthalter ist die Einschränkung des Blutkreislaufs und normaler Muskelbewegung, was im Übermaß für niemanden gut ist. Vielleicht sollten wir diese magischen Hilfsmittel, die uns schlanker und straffer wirken lassen, als wir sind, am besten für besondere Anlässe aufheben, an denen wir uns unbedingt in dieses verflixte Kleid hineinzwängen müssen!

VERRÄTERISCHE EINTEILER

Einteiler gibt es heute auch in größeren Größen, und sie sind bei all jenen Frauen beliebt, die mit möglichst geringem Aufwand schlanker aussehen wollen. Doch ein Einteiler bringt einen weiteren Beinabschluß unter der Kleidung mit sich und hat meistens stärkeres Gummi und Nähte, die sich unter Röcken und Hosen auffälliger abzeichnen als Slips und Miederhosen.

Um das gefürchtete Abzeichnen des Slips unter einem Einteiler zu vermeiden, tragen Sie ihn ohne den Slip und unter der Strumpfhose. Ja, Sie haben richtig gelesen – darunter, nicht darüber. Wenn man die Strumpfhose über dem Einteiler trägt, ist der Beinabschluß nicht sichtbar. Es funktioniert wirklich – probieren Sie es einfach einmal aus.

BODYS

Für jene besonderen Gelegenheiten, wenn Sie sich «in Gesellschaft» entkleiden müssen, sollten Sie einen Body in Betracht ziehen, der gleichzeitig die Aufgabe von Büstenhalter und Slip erfüllt. Es gibt viele farbenfrohe, feminine Modelle mit Spitze, die Ihre Fülle «zusammenhalten» und gleichzeitig sehr schön wirken, wenn Sie einen besonderen Menschen beeindrucken wollen.

Bodys bieten jedoch kaum Halt, so daß man sie nicht unter allen Kleidungsstücken tragen kann. Wenn Sie bei Ihren Büstenhaltern verläßliche Kontrolle und Formung brauchen, können Sie sich darauf bei einem Body nicht verlassen. Und wenn Sie ein hautenges Kleid mit einem Body darunter tragen, kommt Ihre Form wahrscheinlich nicht genügend zur Geltung. Experimentieren Sie daher, bevor Sie Ihr Geld ausgeben.

STRUMPFWAREN

Hier geht es einfach nur darum, die richtige Paßform zu finden. Spezialgrößen passen sich verschiedenen Körperformen und Körpergrößen unterschiedlich an. Sie müssen also selbst herausfinden, welche Marke für Ihren Körper am besten geeignet ist. Werfen Sie die Packung nach dem Kauf einer Strumpfhose nicht weg. Bewahren Sie sie einen Tag lang auf. Wenn Ihnen die Paßform gefällt, notieren Sie sich Marke, Größe und Farbe, da Strumpfhosen nur selten mit einem Etikett versehen sind.

Wenn Sie Ihr Gewicht besonders im Bauchbereich tragen, sollten Sie bei Strumpfhosen mit verstärktem Slip vorsichtig sein. Sie könnten Sie so sehr einzwängen, daß die Pfunde nach oben gedrückt und über dem Taillenband als Wülste sichtbar werden. Wenn Ihre Polster jedoch nicht so ausgeprägt sind, bietet ein wenig zusätzliche Verstärkung eine willkommene Stütze, besonders dann, wenn Sie nur eine einzige Kleidungsschicht darüber tragen, also ohne Jacke hinausgehen.

Bei Frauen mit besonders starkem Hüft- und Oberschenkelbereich können ein verstärktes Sliptteil

Ein Einteiler kann unter enganliegender Kleidung bequem und wirkungsvoll sein. Wählen Sie statt einer kleineren lieber eine größere Größe, um das beste Ergebnis zu erzielen.

und eine stützende Materialbeimischung im Oberschenkelbereich Wunder wirken. Wenn Sie noch nie Stützstrumpfhosen getragen haben, sollten Sie zur Probe mal ein Paar kaufen. Nehmen Sie vorsichtshalber lieber die nächstgrößere Größe. Ihr Körper wird dennoch geformt, und Sie können entscheiden, ob die stützende Wirkung für Sie ausreicht oder ob es ruhig etwas mehr sein darf (tragen Sie in diesem Fall einfach Ihre richtige Größe).

Dort, wo im Sommer Strumpfwaren nicht angebracht sind (in der Freizeit, im Urlaub usw.), leiden Sie möglicherweise unter wundgescheuerten Oberschenkeln. Egal, wieviel Vaseline Sie auch auftragen – an einem heißen, schwülen Tag verhindert nichts, daß Ihre Schenkel ständig aneinanderreiben. Ein gutes Gegenmittel besteht darin, unter schwingenden Kleidern und Röcken zu T-Shirts und Oberteilen Radlerhosen oder Aerobics-Shorts aus Baumwolle zu tragen. Sie straffen die Oberschenkel, trennen sie und reduzieren das Wundreiben auf ein Minimum. Pudern Sie die Shorts innen vor dem Tragen mit ein wenig Körperpuder ein, so daß zusätzlich der Schweiß absorbiert wird.

Ein guter Badeanzug ist sowohl vorteilhaft als auch bequem.

BADEANZÜGE

Die meisten Menschen lieben Urlaub in der Sonne und freuen sich darauf, sich (mit dem entsprechenden Sonnenschutz) in den warmen Sonnenstrahlen zu räkeln. Natürlich wollen Sie sich jetzt wegen Ihres Badeanzugs keine Gedanken machen – wird er wohl bequem sitzen und vorteilhaft aussehen?

Die folgenden Richtlinien helfen Ihnen, beim Kauf Ihres nächsten Badeanzugs Ihre Vorzüge ins rechte Licht zu rücken.

SO WÄHLEN SIE DAS BESTE MODELL FÜR SICH

Für schlankere Oberschenkel
Wählen Sie ein Modell mit hohem Beinausschnitt. Senkrechte Streifen oder dunkle Einsätze an der Seite helfen, den Körper zu verlängern, und lenken das Auge von den Oberschenkeln ab.

Um den Busen vorteilhaft zur Geltung zu bringen Wählen Sie ein Modell, das im Brustbereich einen Blickfang aufweist, beispielsweise einen helleren Einsatz, eine Schleife oder waagrechte Streifen. Wenn der Badeanzug im unteren Bereich außerdem dunkler ist, bringt dies Ihr schönes Dekolleté noch mehr zur Geltung.

Zur optischen Verkleinerung des Busens Wählen Sie ein Modell ohne Farb- oder Stildetails am Busen. Wenn Sie nicht unbedingt stützende Körbchen brauchen, um so besser. Wählen Sie solche unausgearbeiteten Modelle jedoch nur, wenn der Badeanzug innen einen Einsatz aufweist, der die Brust an Ort und Stelle hält.

Für eine schlanke Taille
LINKS Wählen Sie Modelle mit Gürteln oder Einsätzen an der Taille. Manchmal reichen schon ein paar senkrechte Streifen an der Taille aus.

Für einen flacheren Bauch
RECHTS Das Beste ist in diesem Fall ein Badeanzug mit Röckchen, der – zusammen mit dem passenden Material und Design – einen schlankeren Bauch macht. Diagonale Streifen lenken das Auge zudem von dieser Problemzone ab.

KAPITEL 6

Farbberatung

Ich hoffe, ich muß Sie nicht erst lange davon überzeugen, was man mit Farben bewirken kann. Überlegen Sie einmal, wie Sie sich fühlen, wenn Sie bestimmte Farben tragen. Sind Sie sich der unterschiedlichen Reaktionen der anderen bewußt, wenn Sie leuchtende Töne anstelle von gedämpften tragen? Haben Sie gegenüber bestimmten Farben Vorurteile, oder kleiden Sie sich aufgrund Ihres Körperumfangs nur in einigen bestimmten Tönen?

Manche Frauen, die etwas fülliger sind, gehen bereits in die Defensive, wenn man Farben nur erwähnt. Die meisten glauben – fälschlicherweise –, daß sie in schwarzer Kleidung viel schlanker aussehen. Der Einzelhandel unterstützt diesen Mythos, indem er den größten Anteil von großen Größen oder Übergrößen in dieser Friedhofsfarbe oder in ihrer nächsten Verwandten – Marineblau – anbietet. Es gibt aber eine große Anzahl von Frauen, die erklären, daß sie alles geben würden, um in ihrer Garderobe eine größere Farbauswahl zu haben, doch die Designer legen es darauf an, füllige Frauen in dunklen und langweiligen Farben *verschwinden* zu lassen.

Frauen, die Größe 42 und darüber tragen und gerne mit Farben experimentieren, sind selten. Die Mehrheit glaubt, sie dürfe niemals so waghalsig sein. Doch wenn Farben eigens für eine bestimmte Frau ausgewählt wurden und ihr in ihrer Garderobe genügend Möglichkeiten zur Verfügung stehen, kann sie die Wirkung, die sie auf andere ausüben will, selbst bestimmen. Ja, es ist richtig – Farben verleihen Ihnen Macht. Ihre Farben zeigen der Welt, was für eine Frau Sie sind, und helfen Ihnen, Ihre Ziele zu erreichen.

DIE GESCHICHTE VON GRACE

Grace ist eine Frau, die man nie vergißt. Sie hat pechschwarzes Haar, ist 1 Meter 83 groß und trägt Größe 48. Grace, die früher Opernsängerin war und jetzt Motivationsseminare abhält, suchte mich auf, weil sie bei ihren Bemühungen, sich zu vermarkten, zunehmend frustrierter wurde. Sie war überzeugt davon, daß ihr Image zu diesem Problem beitrug. Ihr Unternehmen florierte hauptsächlich aufgrund von persönlichen Empfehlungen. Doch um wirklich Erfolg zu haben, mußte sie einige größere Kunden für sich gewinnen. Aus diesem Grund wandte sie sich an Unternehmen, die an ihren Dienstleistungen Interesse haben könnten, aber für die sie noch nie gearbeitet hatte.

Die Wahl der richtigen
Farben hat Auswirkungen
auf Ihr Selbstbild und
darauf, wie andere auf Sie
reagieren.

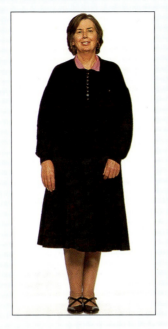 

«Am Telefon sind sie ganz begeistert. Sie fressen mir förmlich aus der Hand, ohne daß ich mich persönlich vorgestellt habe», erklärt Grace. «Dann kommt das erste Treffen, und *bums!* Sobald ich das Konferenzzimmer betrete, machen sie ein langes Gesicht und suchen das Weite.»

Nun, mir erging es fast ähnlich, als ich Grace zum erstenmal begegnete. Da ich nur 1 Meter 60 groß bin und halb soviel Körperfülle aufweise, war ich von diesem menschlichen Dynamo ebenfalls überwältigt. Grace hatte eine Farbberatung bei einem CMB-Consultant hinter sich und kleidete sich jetzt ausschließlich in ihren Herbstfarben – wunderbare warme Töne wie Moosgrün, Bronze, Schokobraun, Aubergine, Goldgelb und Tomatenrot, um nur einige zu nennen. Doch es erging Grace wie vielen anderen Frauen, die gerade ihre Farben haben analysieren lassen: Sie setzte sie ein, ohne ihre Wirkung auf andere in Betracht zu ziehen.

Eine ihrer ersten Anschaffungen in ihren neuen Farben war ein orangefarbiges Kostüm, das sie sich auf einer Geschäftsreise in München zugelegt hatte. Technisch gesehen war dies eine wunderbare Farbe für sie und damals in Deutschland durchaus eine Modefarbe, doch hatte man das Gefühl, sie sei von einem anderen Planeten gelandet, als sie in diesem Kostüm versuchte, in Nordengland geschäftlich Fuß zu fassen. Grace mußte noch lernen, Farben effektiver einzusetzen und ihre Wirkung in bezug auf ihre Körpergröße, ihren Körperumfang und ihre übersprudelnde Persönlichkeit einzuschätzen.

Zuerst einmal hatten wir die Rolle zu analysieren, die Grace spielte. Sie mußte ihre Person verkaufen. Dazu mußten die zukünftigen Kunden überzeugt werden, daß Grace die Probleme der Firma lösen und die Mitarbeiter motivieren könnte, produktiver zu werden. Häufig machen Frauen und auch Männer dabei den Fehler, in ihrer Rolle als Verkäufer besonders eindrucksvoll wirken zu wollen. Dies kann falsch interpretiert werden, weil man auf andere einen zu starken Eindruck macht. Um effektiv zu verkaufen, ist ein erfolgreiches Image nötig, das jedoch nicht erdrükkend wirken sollte. Sie müssen ein Image aufbauen, das Ihre Fähigkeiten beim Aufbau von Beziehungen zu anderen verbessert.

Ich riet Grace dazu, das orangefarbige Kostüm nur dann zu tragen, wenn sie vor mindestens 500 Zuhörern eine Präsentation durchführte, und sich für andere Gelegenheiten ein neutraleres Kleidungsstück in einer ihrer Herbstfarben zuzulegen. Auffallende Farben lenken die Aufmerksamkeit einer großen Zuschauerschar auf den Sprechenden, doch in einer kleinen Versammlung kann die gegenteilige Wirkung erzeugt werden, so daß die Anwesenden irritiert werden.

Glücklicherweise war Schokobraun damals gerade als neue neutrale Modefarbe auf den Markt gekommen, und an Grace wirkte die Farbe einfach toll. Doch aufgrund ihrer Persönlichkeit mußte Grace das einfache braune Kostüm ein wenig aufpeppen – diese Frau haßte eben langweilige Dinge. Statt sie in ihrer Wahl einer auffällig gemusterten Bluse zu unterstützen, konnte ich sie davon überzeugen, daß ein farbenfrohes, vom Ton her passendes Tuch in warmen Grüntönen zusammen mit einem einfachen cremefarbenen Body unter der Kostümjacke professioneller wirken und das Auge weniger ablenken würde.

Widerwillig nahm Grace meinen Rat an, und sie berichtete mir in der darauffolgenden Woche, der Leiter einer Personalabteilung habe über zwei Stunden mit ihr über Mitarbeiterprobleme gesprochen und sie vom Fleck weg für einen Pilotkurs engagiert, obwohl er zu Beginn der Besprechung angeblich nur zwanzig Minuten Zeit zur Verfügung hatte. Grace sah schließlich ein, daß ihre Ausstrahlung farbig genug war und sie einen besseren Eindruck machte, wenn sie elegante und subtile Farben aus ihrer Herbstpalette als Hintergrund für ihre wunderbare Persönlichkeit trug.

DIE GESCHICHTE VON FRANKIE

Am lohnendsten ist die Arbeit für uns, wenn wir Frauen beraten, die beim Preisausschreiben einer Zeitschrift eine CMB-Image-Beratung gewonnen haben. Oft sind es Frauen, die sich von der Welt zurückgezogen haben und sich Freunde im Fernsehen oder unter den Briefkastentanten ihrer Lieblingszeitschriften suchen. Während manche Frauen regelmäßig an solchen Preisausschreiben teilnehmen, gibt es immer wieder einmal Teilnehmerinnen, die zum ersten Mal bei einem Wettbewerb mitgemacht haben. Sie haben noch nie in ihrem Leben etwas gewonnen, doch jetzt erhalten Sie die Möglichkeit, sich ein neues Image zuzulegen.

Frankie erklärte uns, daß sie immer nur Schwarz trug, weil sie aufgrund ihrer Körperfülle keine Aufmerksamkeit auf sich lenken wollte und der Meinung war, daß Schwarz sie schlanker machte. Wie viele andere Frauen war Frankie wegen ihres Umfangs so mutlos, daß sie überzeugt war, hinsichtlich ihres Aussehens eine hoffnungslose Versagerin zu sein. Glücklicherweise teilten Frankies Schwestern und Freunde diese Auffassung nicht und ermutigten sie, an dem Preisausschreiben teilzunehmen.

Wir sahen uns Frankies naturblondes Haar, ihre Pfirsichhaut und die klaren blauen Augen an und erklärten, daß Schwarz in Zukunft für sie nur noch auf Beerdigungen angebracht sei. Frauen mit so heller, zarter Farbgebung sehen in Schwarz nur alt, müde und krank aus. Da es zudem eine sehr erdrückende Farbe ist, wird bei Frauen mit einer hellen Farbgebung das Auge der anderen nicht auf ihr Gesicht, sondern auf ihren Körper gelenkt, genau dorthin also, wo sie es gar nicht wünschen.

Als heller Frühlingstyp hat Frankie eine Palette schöner Farben, die von Klatschmohn und warmen Rosatönen bis hin zu kräftigem Blau und Violett reichen. Doch Frankie hatte sich jahrelang in schwarzer Kleidung versteckt und konnte nach einer leicht depressiven Phase ihre auffallenden Farben noch nicht tragen. Für solche Farben ist eine selbstbewußte Persönlichkeit erforderlich und die Bereitschaft, sich mit Menschen auseinanderzusetzen, die sich automatisch von Ihnen angezogen fühlen. In Frankies Fall entschieden wir uns für wunderbare Cameltöne, Creme und weiche Gelbtöne, die zart, aber gleichzeitig farbenfroh waren, so daß alle Aufmerksamkeit wieder auf Frankies schönes Gesicht gelenkt wurde. In Verbindung mit dem richtigen Make-up fielen ihre Körperfülle und ihre Kleidung gar nicht auf. Man bemerkte nur sie.

Frankie konnte die Veränderung selbst kaum fassen. Die Fotoaufnahmen mit ihr erwiesen sich als recht schwierig, da sie jedesmal zu weinen anfing, wenn sie sich im Spiegel sah, und flüsterte: «Ich *kann* tatsächlich hübsch aussehen!» Als sie dies erneut sagte, erwiderte ich: «Nein. Sie sind schön, wenn Sie Ihr Aussehen durch diese Farben ergänzen.» Frankie versprach, daß sie in Zukunft Schwarz nur bei Röcken und Hosen tragen würde und von jetzt an mehr Farbe in Gesichtsnähe und damit in ihr Leben bringen würde.

DER MYTHOS DER FARBE SCHWARZ

Es ist an der Zeit, Farbe zu bekennen. Welcher Anteil Ihrer Garderobe ist schwarz? 50 Prozent? 80 Prozent? Oder gar 100 Prozent? Ich habe viele Frauen wie Frankie getroffen, deren Kleidung sich hauptsächlich aus schwarzen Stücken zusammensetzte, da sie von der absurden Annahme ausgingen, die Farbe Schwarz lasse sie schlanker erscheinen. An der falschen Person und falsch getragen ist Schwarz jedoch ein Killer, der Sie alt, krank und erledigt aussehen läßt. Warum sollte man also Schwarz in solcher Fülle tragen?

LINKS Wenn Schwarz Sie erdrückt, sollten Sie am Hals genug Haut zeigen und ein stärkeres Make-up auflegen, um einen Ausgleich für diese starke Farbe zu schaffen.

UNTEN In den richtigen Farben sehen Sie gesund aus. Man bemerkt zuerst Sie – die tolle Kleidung steht erst an zweiter Stelle.

106

OBEN Fülligere Frauen kleiden sich oft in Schwarz, um ihren Körper zu verstecken. Wenn Schwarz zu stark für Ihre natürliche Farbgebung ist, konzentriert man sich auf Ihren Körper statt auf Ihr Gesicht.

Die Modeexperten, Designer und Einzelhändler lieben Schwarz. Tatsächlich sieht ein billiges schwarzes Stück – sei es ein Kleid, ein Rock oder eine Bluse – teurer aus als dasselbe Kleidungsstück in einer helleren Farbe. Schwarz gilt zudem als ziemlich pflegeleicht, da es Schmutz recht gut versteckt, außer Sie sind Lehrerin und halten sich den ganzen Tag in der Nähe von Tafeln und Kreide auf. Doch der größte Vorteil der Farbe Schwarz besteht vielleicht darin, daß man sich nicht an sie erinnert. Aus diesem Grund raten die meisten Moderedakteurinnen auch zum Kauf des *Kleinen Schwarzen* als langfristige Investition und Grundlage der Garderobe. Man kann das Stück jahrelang tragen, es mit Accessoires aufpeppen, und dennoch wird hinterher niemand klüger sein.

Stimmt es tatsächlich, daß Schwarz schlanker macht? Eine schwarze Hose läßt die Trägerin doch sicherlich schlanker wirken als dieselbe Hose in Beige? Es stimmt tatsächlich, daß gedämpfte mittlere und dunkle Farbtöne zurückweichen und uns schlanker wirken lassen als hellere Farben. Dunkle Farben sind also für Röcke oder Hosen angebracht, wenn der untere Körperbereich Ihr größtes Problem ist.

Doch schwarze Kleidungsstücke lassen Ihren Körper förmlich explodieren, wenn sie im oberen Körperbereich getragen werden und Ihre natürliche Farbgebung keinen Ausgleich zu der starken Wirkung von Schwarz schafft. Bei Frauen ohne kontrastreiche natürliche Farbgebung ist eine Menge Arbeit (beispielsweise beim Make-up) nötig, um die Farbe Schwarz vorteilhaft tragen zu können. Was passiert, wenn Sie ein schwarzes T-Shirt anziehen? Wie wirken Sie bei natürlichem Tageslicht darin, wenn Sie kein Make-up tragen? Wenn Sie darin wie der aufgewärmte Tod aussehen, sollten Sie Schwarz für die untere Körperhälfte reservieren oder zu einem schwarzen Oberteil ein buntes Tuch, einen Cardigan oder eine Jacke tragen.

Die einzigen Frauen, die Schwarz in Gesichtsnähe tragen können, sind folgende Color-Me-Beautiful-Typen: der Dunkle Herbst, alle Winter und Klare Frühlinge. Ihr Haar sollte dunkelbraun sein, einen dunklen Kastanienton haben oder graumeliert sein. Die Haut sollte porzellanfarben, elfenbeinfarben, beige, oliv, bronzen oder dunkelbraun sein, die Augen dunkelbraun, klar blau oder grün oder von dunklem Haselnußbraun.

ENTDECKEN SIE IHRE FARBEN

Wenn Sie noch nicht wissen, welche Farben Ihr Naturell am besten zur Wirkung bringen, ist es an der Zeit, sich damit zu befassen. Die richtigen Farben lassen Sie nicht nur wunderbar aussehen, sondern bilden auch die Grundlage für den Aufbau einer zuverlässigen Garderobe für alle Tage. Es ist verschwenderisch und frustrierend, eine Garderobe zu haben, die keinen Sinn ergibt, weil bestimmte Teile nur mit einem bestimmten anderen Stück getragen werden können oder den Accessoires aufgrund ihrer Farbe Grenzen gesetzt sind. Es ist also sowohl für Ihr Image als auch für Ihr Konto eine Wohltat zu wissen, welche Farben Ihnen stehen.

Am besten lernen Sie, indem Sie sich die eigene Garderobe einmal genauer ansehen. Welche Kleidungsstücke mögen Sie wegen ihrer Farbe? Was gefällt Ihnen an der Farbe besonders? Ist sie gedämpft oder leuchtend? Hat sie einen kühlen, blauen Unterton, oder würden Sie sie als warme Farbe mit gelbem Unterton beschreiben? Sehen Sie Ihrer Meinung nach in starken Schattierungen, in helleren Tönen oder in Farben von mittlerer Tiefe am besten aus? Die Kombination dieser Faktoren, in Beziehung zu Ihrer eigenen natürlichen Farbgebung – Hautton, Augen- und Haarfarbe – gesetzt, entscheidet, welches die richtige Farbpalette für Sie ist.

Bei *COLOR ME BEAUTIFUL* setzen wir die Jahreszeiten ein, um Frauen zu beschreiben. Ursprünglich gab es wie in der Natur nur vier Jahreszeiten, nach denen wir die Frauen als Frühlings-, Sommer-, Herbst- und Wintertypen beschrieben. Doch nachdem wir mit Frauen zahlreicher Nationalitäten gearbeitet hatten, stimmten wir das System feiner ab, so daß es für die vielen verschiedenen Farbgebungen genauer und daher hilfreicher ist. Mit der Veröffentlichung meines Buches *«Kleider, Farben, Stil»* erweiterten wir die vier Jahreszeiten auf zwölf, und jetzt stehen uns für jede Jahreszeit drei Versionen zur Verfügung.

Sie können Ihre eigenen Farben leicht einschätzen, indem Sie eine Farbe, beispielsweise ein Grün, nehmen, um festzustellen, welche Version für Sie die beste ist. Vergleichen Sie ein blasses Moosgrün, ein Lindgrün, ein Blaugrün und ein Petrolblau. Halten Sie diese Farben (in Form von T-Shirts, Handtüchern, Blusen) unter Ihr ungeschminktes Gesicht, um festzustellen, welche am vorteilhaftesten ist. Welche Farbe läßt Ihre Haut am glattesten aussehen? Welche macht Sie blaß? Bei welcher Farbe sollten Sie unbedingt Make-up tragen?

Die richtigen Farben bringen Ihre Vorzüge auf der Stelle zur Geltung, und Sie spüren dies, sobald Sie sie tragen. Doch wir können auch gegenüber vielen Tönen, die an uns gut aussehen könnten, «farbenblind» sein, weil wir sie noch nie ausprobiert oder getragen haben. Vergessen Sie also, was nach Meinung Ihrer Mutter gut aussieht oder was an Ihrer besten Freundin toll wirkt. Wahrscheinlich haben beide nicht dieselbe natürliche Farbgebung wie Sie.

Verwirrt? Haben Sie das Gefühl, ein paar Farben zu kennen, die gut wirken, und einige andere, auf die dies nicht zutrifft, und würden Sie gerne noch lernen, wie man Farben besser zusammenstellt? Sie haben zwei Möglichkeiten, um herauszufinden, was Ihnen steht. Sie können einen CMB-Consultant bei sich in der Nähe anrufen, um sich nähere Informationen zu einer Farbberatung geben zu lassen. Da es sehr schwer ist, das eigene Erscheinungsbild und die eigene Farbgebung objektiv zu bewerten, ist ein trainiertes Auge hilfreich, so daß Sie schließlich wissen, wonach Sie suchen und was Sie vermeiden sollten.

Die andere Möglichkeit besteht darin festzustellen, ob Sie Ihre beherrschenden Farbmerkmale anhand der folgenden Seiten selbst festlegen können. Schritt für Schritt können Sie entdecken, wie Sie mehr Spaß mit Farben haben und besser aussehen können.

LINKS Sind Sie verwirrt, was Ihre Farbgebung betrifft? Lassen Sie sich fachmännisch beraten. Wenn Sie Ihre besten Farben entdecken, wird das Einkaufen viel leichter.

1 Blasses Moosgrün

2 Lindgrün

3 Blaugrün

4 Petrolblau

Zu Beginn sollten Sie sich ohne Make-up und mit nacktem Hals und nackter Brust im Spiegel betrachten. Wie würden Sie Ihre Farbgebung beschreiben? Vergessen Sie, was Sie in der Jugend gerne getragen haben, und konzentrieren Sie sich auf Ihre jetzige Farbgebung – es sei denn, Sie färben Ihr Haar. In diesem Fall sollten Sie von Ihrer ursprünglichen natürlichen Haarfarbe ausgehen.

KRÄFTIG UND DUNKEL
Frauen mit dunklem Haar und dunklen Augen passen in diese Kategorie und sehen in Schwarz und anderen intensiven Farben wie Rot, Lila, Smaragdgrün und Königsblau wunderbar aus.

HELL UND ZART
Haben Sie eine helle Farbgebung mit fast durchscheinender Haut? Blonde Frauen mit blauen Augen und einige Frauen mit sehr hellgrauem Haar tragen am besten helle Farben.

WARM UND GOLDEN
Rothaarige Frauen, die leicht Sommersprossen bekommen, sehen in warmen Tönen wunderbar aus. Dasselbe gilt für Frauen mit mittelbraunem Haar, das oft rötliche Glanzlichter hat.

KÜHL UND ROSIG
Diese Frauen haben einen rosafarbenen Unterton in der Haut und keine echten goldenen oder roten Töne im Haar, das einen schönen Grauton haben sowie mittel- oder mausbraun sein kann.

KLAR UND LEUCHTEND
Bei diesen Frauen fällt der Kontrast zwischen dunklem Haar, leuchtenden Augen und klarem Hautton auf. Gedämpfte Farben sind nichts für diesen Typ.

SANFT UND GEDECKT
Frauen, die ihre Farbgebung selbst als «mausgrau» bezeichnen, sollten ihre Tönung eher als weich, satt und gedeckt bezeichnen. In der Tat lassen leuchtende Farben sie wie eine graue Maus wirken. Gedämpfte Farben hingegen sind viel vorteilhafter für sie.

Auf den folgenden Seiten finden Sie Beispiele für die verschiedenen Farbpaletten, die wir verwenden. Wenn Sie bestimmen können, welcher der sechs obigen Haupttypen Sie am besten beschreibt, blättern Sie zu der Doppelseite weiter, die Ihre mögliche Garderobe zeigt. Sie finden dort zwei unserer «saisonalen» Interpretationen für Ihren Typ. Überlegen Sie, welche für Sie besser geeignet ist. Vergleichen und experimentieren Sie, indem Sie einige Töne selbst ausprobieren. Benutzen Sie Ihre eigene Kleidung oder Handtücher, um die Wirkung der verschiedenen Farben zu beurteilen.

Für jeden Typ gibt es auch Make-up-Paletten. Lehnen Sie jetzt aber nicht die Vorschläge für den Ihrer Meinung nach richtigen Farbtyp ab, nur weil Sie diese Make-up-Töne noch nie getragen haben. Wenn Sie mit Ihrem Typ richtig liegen, werden diese Farben großartig an Ihnen aussehen. Beachten Sie bitte, daß ich für die Grundierung keine spezifischen Farben empfohlen habe, weil diese zu individuell sind; manche Farben werden von ganz verschiedenen Farbtypen getragen. Daher habe ich meine Ratschläge hier nur auf Farbkosmetika wie Lippenstift, Rouge und Lidschatten beschränkt.

Stellen Sie also fest, welche Typenbeschreibung am besten auf Sie zutrifft. Lassen Sie sich nicht dazu verleiten, sich für eine Garderobe zu entscheiden, die Ihrer vorhandenen am ähnlichsten ist, da Sie sich möglicherweise in Farben kleiden, die nicht das Beste aus Ihrer natürlichen Farbgebung machen.

Die von Ihnen gewählte Palette wird nicht nur wunderbar an Ihnen aussehen, sondern Ihnen auch helfen, Ihre Garderobe *aufzubauen*. Das Sortiment wird einige neutrale Grundfarben enthalten – also die Farben, in die Sie investieren sollten, da sie mit allen anderen Farben Ihrer Palette endlos kombiniert werden können. Befolgen Sie auch die Ratschläge für das Tragen von Farben entsprechend Ihrer Körperform in Kapitel 2.

KRÄFTIGE UND DUNKLE FARBGEBUNG

Gesamtwirkung
Projiziert Stärke
Haar
Schwarz, Dunkelbraun,
dunkles Kastanienbraun,
graumeliert
Augen
Braun oder Haselnuß-
braun
Hautton
Elfenbein, sattes Beige,
dunkles Oliv, Bronze,
Schwarz
**Berühmte Beispiele für
Frauen mit dunkler
Farbgebung**
Whoopi Goldberg,
Isabella Rossellini,
Montserrat Caballé
**Color-Me-Beautiful-
Jahreszeiten**
Dunkler Herbst oder
Dunkler Winter

Als dunkle Frau sollten Sie Ihre Garderobe auf kräftigen neutralen Farben wie Schwarz, Anthrazit oder Marineblau aufbauen. Diese müssen jedoch mit lebhaften Farben ausgeglichen werden: mit Königsblau, Rot, leuchtendem Gelb, Türkis, um nur ein paar zu nennen. Ihre Farbgebung ist kontrastreich, daher sollten Sie helle zusammen mit dunklen Farben und nicht ineinanderübergehende monochrome Töne tragen.

Pastelltöne stehen Ihnen überhaupt nicht. Wenn Sie hellere Farben tragen wollen, sollten Sie an *Weiß* mit einem Hauch von Farbe denken. Wir bezeichnen diese Töne als Eisfarben – es sind die hellsten Rosa-, Blau- und zitronengelben Töne. Doch diese hellen Farben sparen Sie am besten für Ihre Blusen oder Ihre Sportkleidung auf, nicht für ein Hauptkleidungsstück, das Sie im Büro tragen.

Ihre Farbpalette umfaßt satte Töne wie Mahagoni, Lila, Oliv- und Tannengrün, aber auch Primär- und klare Farben. Um das Beste aus Ihrer natürlichen Farbgebung zu machen, sollten Sie kühne Farben tragen.

DUNKLE HERBSTFARBEN

Fügen Sie Ihrer dunklen Palette (die auf der Schneiderpuppe auf der gegenüberliegenden Seite zu sehen ist) diese besonders satten Farben hinzu, wenn Sie sich sicher sind, daß Ihr Hautton *warme,* keine kühlen Farben in Gesichtsnähe und beim Make-up braucht.

Lippenstift   Lidschatten   Rouge

DUNKLE WINTERFARBEN

Fügen Sie Ihrer dunklen Palette (die auf der Schneiderpuppe auf der gegenüberliegenden Seite zu sehen ist) diese besonders intensiven Farben hinzu, wenn Sie sich sicher sind, daß Ihr Hautton *kühle,* keine warmen Farben in Gesichtsnähe und beim Make-up braucht.

Lippenstift   Lidschatten   Rouge

HELLE UND ZARTE FARBGEBUNG

Gesamtwirkung
Zart und durchscheinend
Haar
Blond oder Hellgrau
Augen
Blau, Blaugrau, Aqua-
marin, Hellgrün

Hautton
Hell – Elfenbein oder
Porzellan, Pfirsich
**Berühmte Beispiele
für Frauen mit heller
Farbgebung**
Tipper Gore, Prinzessin
Diana, Linda Evans,
Dagmar Berghoff,
Steffi Graf
**Color-Me-Beautiful-
Jahreszeiten**
Heller Frühling oder
Heller Sommer

Die Farben, in die Sie investieren sollten und die Sie mit allem tragen können, reichen von Camel, Grau-beige und Steingrau bis hin zu weichen Tönen wie Graublau und hellem Marineblau. Vermeiden Sie dunkle Farben wie Schwarz oder Anthrazit, die Sie blaß machen. Ihr Weiß ist ein Eierschalenton, doch es ist besser, weiche Pastelltöne wie Apricot, Gelbbeige, Hellgelb, Pink oder Himmelblau zu wählen, wenn Sie einen Ausgleich für Ihre stärksten Farben wie Marine-blau brauchen.

Sie können auch leuchtende Farben vorteilhaft tragen, doch sie sollten nicht zu *elektrisierend* sein. An-stelle eines kräftigen Königsblaus tragen Sie ein klares Vergißmeinnichtblau. Ein sattes Lila könnte Sie überwältigen, doch wenn Sie es mit Blau mischen, so daß ein zartes Lapis entsteht, liegen Sie richtig. Blau-grüne Töne sehen an hellen Frauen besonders hübsch aus und sind sehr *freundliche* Farben.

Ihr bestes Rot ist ein klarer Ton, der nicht zu blau, aber auch nicht zu dunkel ist. Pinktöne sind eine sehr schöne Alternative, wenn Sie die Röcke und Hosen aus Ihrer Grundgarderobe mit einer neuen Jacke auf-frischen wollen.

HELLE FRÜHLINGSFARBEN

Fügen Sie Ihrer hellen Palette (die auf der Schneiderpuppe auf der gegenüberliegenden Seite zu sehen ist) diese zusätzlichen Farben hinzu, wenn Sie sich sicher sind, daß Ihr Hautton *warme,* keine kühlen Farben in Gesichtsnähe und beim Make-up braucht.

Lippenstift   Lidschatten   Rouge

HELLE SOMMERFARBEN

Fügen Sie Ihrer hellen Palette (die auf der Schneiderpuppe auf der gegenüberliegenden Seite zu sehen ist) diese schönen Farben hinzu, wenn Sie sich sicher sind, daß Ihr Hautton *kühle,* keine warmen Farben in Gesichtsnähe und beim Make-up braucht.

Lippenstift   Lidschatten   Rouge

WARME UND GOLDENE FARBGEBUNG

Gesamtwirkung
Golden
Haar
Erdbeerblond, Rot oder
Kastanie
Augen
Topas, Haselnuß, warmes
Grün, Petrolblau
Hautton
Elfenbein mit Sommer-
sprossen, Goldbraun,
pfirsichfarbenes Porzellan,
Gelbbeige
**Berühmte Beispiele für
Frauen mit warmer
Farbgebung**
Bette Midler, Emma
Thompson, Jennifer
Saunders, die Herzogin
von York, Ursela Monn
**Color-Me-Beautiful-
Jahreszeiten**
Warmer Frühling oder
Warmer Herbst

Einige neutrale Farben wie Grau und Marineblau sind nichts für Sie, denn sie bringen Ihre natürliche Farbgebung nicht richtig zur Geltung. Ihre besten Farben sind goldbraune Töne wie Olivgrün, Camel und Rost, die Ihrer Farbgebung viel mehr schmeicheln und zu Ihren übrigen Farben passen.

Achten Sie auf gelbe, rote oder grüne Untertöne in Ihren Farben. Vermeiden Sie reines Weiß und tragen Sie statt dessen Creme oder Gelbbeige. Wählen Sie ein Ziegelrot anstelle eines Weinrots. Ihre Blautöne wirken am besten, wenn sie mit Grün «aufgewärmt» werden – Petrolblau beispielsweise.

Sie wirken am aufregendsten, wenn Sie an eine Herbstlandschaft denken und harmonische goldene Töne wie Moosgrün, Senf, Terracotta und warme Brauntöne zusammenstellen. Schwarz ist nicht empfehlenswert, es sei denn, Sie halten es von Ihrem Gesicht fern und tragen es nur in Rock oder Hose. Zu den wunderbaren Goldtönen Ihrer Garderobe wird es jedoch nicht passen. Warum sollten Sie es also kaufen?

WARME FRÜHLINGSFARBEN

Fügen Sie Ihrer warmen Grundpalette (die auf der Schneiderpuppe auf der gegen-überliegenden Seite zu sehen ist) diese zusätzlichen Farben hinzu, wenn Ihre Augen einen leuchtenden Ton haben und die Haut recht hell ist. Diese Make-up-Töne passen zu allem gut.

Lippenstift   Lidschatten   Rouge

WARME HERBSTFARBEN

Fügen Sie Ihrer warmen Grundpalette (die auf der Schneiderpuppe auf der gegen-überliegenden Seite zu sehen ist) diese würzigen Farben hinzu, wenn Ihr Haar dunkler und Ihr Hautton kräftiger ist. Diese warmen, natürlichen Make-up-Töne stehen Ihnen am besten.

117
· · · · ·

Lippenstift   Lidschatten   Rouge

KÜHLE UND ROSIGE FARBGEBUNG

Gesamtwirkung
Rosig – nicht hell oder dunkel
Haar
Aschbraun, Aschblond oder Grau
Augen
Blau, aber auch Braun (falls Ihr Haar früher dunkel war und jetzt ergraut ist)
Hautton
Rosig, Rosabraun, Beige, mittleres Oliv
Berühmte Beispiele für Frauen mit kühler Farbgebung
Barbara Bush, Germaine Greer, Anne Diamond, Joan Baez, Christiane Herzog
Color-Me-Beautiful-Jahreszeiten
Kühler Sommer oder Kühler Winter

Halten Sie sich von den meisten Braun-, Beige-, Khaki- und Cremetönen fern. Ihre kühle Farbgebung wirkt am besten in Farben mit blauem oder pinkfarbenem Grundton. Tolle neutrale Grundfarben sind Marineblau und Anthrazit, doch Sie sollten deren normalerweise strenge Wirkung, wenn sie zusammen mit Weiß getragen werden, etwas dämpfen, indem Sie sie statt dessen mit Mauve, Pastellblau, Pink oder gedecktem Lila kombinieren.

Pastelltöne sind eine wunderbare Wahl für Ihre Blusen, Kleider oder Jacken, doch Pastelltöne in einem ganzen Outfit wirken im Berufsleben nicht stark genug und sind daher keine gute Wahl für ein Kostüm. Tragen Sie über einem aquamarinfarbenen Kleid eine schwingende Jacke oder «Cardigan»-Jacke in Marineblau.

Ihr Rot hat einen blauen Unterton. Die weinroten Töne stehen Ihnen ebenfalls, doch Sie sollten verschiedene Töne ausprobieren, um sicherzugehen, daß sie Sie nicht zu alt erscheinen lassen. Sehr intensive oder leuchtende Farben können Sie leicht erdrücken. Entscheiden Sie sich lieber für kräftige und subtile Farben.

KÜHLE SOMMERFARBEN

Fügen Sie Ihrer kühlen Grundpalette (die auf der Schneiderpuppe auf der gegenüberliegenden Seite zu sehen ist) diese kräftigen, gedämpften Farben hinzu, wenn Sie wissen, daß Ihnen weichere kühle Töne bei Kleidung und Make-up besser stehen.

Lippenstift   Lidschatten   Rouge

KÜHLE WINTERFARBEN

Fügen Sie Ihrer kühlen Grundpalette (die auf der Schneiderpuppe auf der gegenüberliegenden Seite zu sehen ist) diese stärkeren Töne hinzu, wenn Sie sich sicher sind, daß Ihnen etwas kräftigere kühle Farben bei Kleidung und Make-up besser stehen.

Lippenstift   Lidschatten   Rouge

KLARE UND LEUCHTENDE FARBGEBUNG

Gesamtwirkung
Leuchtend und
kontrastreich
Haar
Schwarz, Braun oder
sattes Grau
Augen
Stahlblau, Grün, klares
Haselnußbraun oder
kräftiges Braun
Hautton
Porzellan, Elfenbein,
dunkles Aschbraun,
klares Gelbbeige
**Berühmte Beispiele für
Frauen mit dunkler
Farbgebung**
Roseanne Barr, Oprah
Winfrey, Prinzessin
Caroline von Monaco,
Elizabeth Taylor
**Color-Me-Beautiful-
Jahreszeiten**
Klarer Frühling oder
Klarer Winter

Setzen Sie helle und dunkle Farben gleichzeitig oder eine auffallende Farbe für sich allein ein. Schwarz, Anthrazit, Königsblau und Rot sind Ihre Grundfarben, die Sie mit vielen anderen Tönen mischen können, um Ihr bestes Erscheinungsbild zu erzielen. Gedämpfte monochrome Mischungen, die an anderen so elegant aussehen, wirken an Ihnen – unabhängig vom Preis oder von der Marke – langweilig.

Ihre auffallende Farbgebung kann andere Menschen überwältigen, speziell dann, wenn Sie Ihre Farben auf starke neutrale Töne wie Schwarz und Marineblau beschränken. Hellen Sie Ihre Wirkung auf, indem Sie mehr Farbe in Gesichtsnähe bringen. Ein Tuch oder eine Jacke in leuchtendem Gelb nimmt einem schwarzen Kleid die «Härte». Helles Zyklam läßt Marineblau weiblicher wirken.

Steingrau und warmes Grau können Ihre Berufsgarderobe für den Sommer aufhellen, sollten aber nie zu hellen Farben getragen werden. Wählen Sie statt dessen lieber Ihre Primärfarben zum Ausgleich.

KLARE FRÜHLINGSFARBEN

Fügen Sie Ihrer klaren Grundpalette (die auf der Schneiderpuppe auf der gegenüberliegenden Seite zu sehen ist) diese farbenfrohen Zusatztöne hinzu, wenn Sie
wissen, daß Ihnen warme Töne bei Kleidung und Make-up besser stehen.

Lippenstift   Lidschatten   Rouge

KLARE WINTERFARBEN

Fügen Sie Ihrer klaren Grundpalette (die auf der Schneiderpuppe auf der gegenüberliegenden Seite zu sehen ist) diese besonders leuchtenden Töne hinzu, wenn Sie
wissen, daß Ihnen kühle Töne bei Kleidung und Make-up besser stehen.

Lippenstift   Lidschatten   Rouge

SANFTE UND GEDECKTE FARBGEBUNG

Gesamtwirkung
Harmonisch und
gedeckt
Haar
Mittelgrau, Mittel-
oder «Maus»-Braun,
Aschblond

Augen
Blaugrün, Braun,
Graublau
Hautton
Elfenbein, Rosa- oder
Gelbbeige, helles Oliv
**Berühmte Beispiele für
Frauen mit gedeckter
Farbgebung**
Allison Moyet, Hillary
Clinton, Prinzessin
Margret, Cindy Crawford
**Color-Me-Beautiful-
Jahreszeiten**
Gedeckter Sommer oder
Gedeckter Herbst

Diese Frauen wirken nicht eindeutig dunkel oder hell, sondern liegen irgendwo dazwischen. Leuchtende Farben lassen sie hart erscheinen, doch das bedeutet nicht, daß ihnen Grenzen gesetzt sind, wenn es darum geht, wunderbar auszusehen.

Wenn die obige Beschreibung auf Sie zutrifft, müssen Ihre Farben satt und aufeinander abgestimmt sein. Sie erzielen die vorteilhafteste Wirkung, wenn Sie sich in monochromatischen Farben kleiden, also in Farben mit demselben Ton, aber mit Verläufen von Hell nach Dunkel.

Sie könnten beispielsweise Eierschale, Steingrau, warmes Grau und Bronze miteinander mischen. Eine so reine Farbe wie Schwarz oder Weiß würde Ihre weiche, subtile Farbgebung erdrücken.

Ihre Pinktöne können rosige oder himbeerfarbene Töne sein, wenn Ihre Haut kühl (also rosig) ist, oder gedämpfte Lachstöne, wenn Ihre Haut besser durch warme Farben ergänzt wird (das heißt, Ihre Haut ist eher golden oder cremefarben).

GEDECKTE SOMMERFARBEN

Fügen Sie Ihrer gedeckten Grundpalette (die auf der Schneiderpuppe auf der gegenüberliegenden Seite zu sehen ist) diese satten, eleganten Töne hinzu, wenn Sie wissen, daß Ihnen Farben mit kühlem, nicht warmem Unterton besser stehen.

Lippenstift   Lidschatten   Rouge

GEDECKTE HERBSTFARBEN

Fügen Sie Ihrer gedeckten Grundpalette (die auf der Schneiderpuppe auf der gegenüberliegenden Seite zu sehen ist) diese satten, etwas würzigen Töne hinzu, wenn Sie
wissen, daß Ihnen Farben mit warmem, nicht kühlem Unterton besser stehen.

Lippenstift   Lidschatten   Rouge

FARBILLUSIONEN

Wenn Sie Ihre besten Farben kennen, müssen Sie als nächstes verstehen, wie Sie diese zum Vorteil Ihrer Figur nutzen können. Beachten Sie die Wirkung heller und dunkler Farben, die für sich allein oder als Kontrast eingesetzt werden, in den folgenden Abbildungen. So lernen Sie, wie Sie Ihre Kleidungsstücke besser zusammenstellen können.

Ein insgesamt helles Outfit Wenn Sie von Kopf bis Fuß helle Farben tragen, reflektieren diese das Licht und lassen Ihren Körper fülliger wirken, als er eigentlich ist. Obwohl eine einzelne Farbe Sie größer wirken lassen kann, ist die Gesamtwirkung für Frauen mit voller Figur nicht wünschenswert.

Dunkles Oberteil/heller Rock/ dunkle Beine Diese Kombination ist gefährlich – speziell dann, wenn Sie Ihr Gewicht an den Hüften und Oberschenkeln tragen. Das Auge wird von der dunklen Bluse auf den Rock gelenkt, der diesen Bereich fülliger erscheinen läßt, da er hell gehalten ist. Die Wirkung wird noch dadurch verstärkt, daß der Körper mit dunklen Strümpfen «aufgeteilt» wird, was die Figur verkürzt und die verbreiternde Wirkung des hellen Rockes zusätzlich unterstützt.

Ein mittlerer Ton für Oberteil und Rock So tragen Sie Farben, wenn Sie schlank und groß wirken wollen. Wählen Sie mittlere bis dunkle Farben aus Ihrer Palette und tragen Sie sie gleichzeitig in Ihren Oberteilen und Röcken oder Hosen. Sie können die Gesamtwirkung aufhellen und mehr Aufmerksamkeit auf Ihr Gesicht lenken, indem Sie ein buntes Tuch hinzufügen.

Helles Oberteil/dunkler Rock So lenken Sie die Aufmerksamkeit nach oben auf Ihr Gesicht. Diese Möglichkeit steht Ihnen offen, wenn Ihr Busen nicht zu füllig ist und Sie durchschnittlich groß bis groß sind.

Leuchtendes Oberteil/dunkler Rock und dunkle Strümpfe Eine weitere Möglichkeit, größer und schlanker zu wirken und gleichzeitig die Aufmerksamkeit auf das Gesicht zu lenken, ist eine auffallende Farbe für das Oberteil, das durch ein dunkleres Unterteil, das heißt Rock und Strumpfwaren, ergänzt wird. Wenn die Strümpfe auf Rock und Schuhe abgestimmt sind, ergibt dies die erwünschte verlängernde Wirkung.

125
· · · · ·

Zweifarbige Kombinationen

Neutrale Farbe mit einer Akzentfarbe
Neutrale Farben bieten die größte Vielfalt, um viele verschiedene Wirkungen zu kreieren. Für einen dramatischen Auftritt tragen Sie sie allein mit einer auffallenden Akzentfarbe, um die Aufmerksamkeit auf den gewünschten Bereich zu lenken.

Tragen Sie zwei Farben, um das Bild einer farbigen Persönlichkeit zu vermitteln!

Eine weitere neutrale Farbe, die jedoch nur im unteren Körperbereich getragen und durch eine ergänzende Farbe im oberen Bereich ausgeglichen wird.

FARBTIPS FÜR FÜLLIGE FRAUEN

Überlegen Sie, welcher Körperbereich im Mittelpunkt stehen soll. Aus Kapitel 2, wo Körperformen diskutiert wurden, kennen Sie Ihre besten Merkmale, also diejenigen, die Ihnen die meiste Flexibilität bei Stil, Farbe und Vielfalt bieten.

Wenn Sie von einem Körperteil ablenken wollen, neutralisieren Sie ihn mit den entsprechenden Farben. Mit einer neutralisierenden Farbe meine ich keine *langweilige* Farbe, sondern eine, die zu anderen Stücken paßt, aber nicht zuviel Aufmerksamkeit auf sich lenkt. Eine Bluse in warmem Grau beispielsweise *neutralisiert* einen vollen Busen unter einer rosafarbenen Jacke besser, als wenn diese Farben andersherum getragen würden. Die Wirkung einer so schönen, unerwarteten Farbkombination ist schlichtweg elegant.

Im oberen Bereich lenken Sie die Aufmerksamkeit auf Ihr Gesicht, wenn Sie Ihre besten Farben in Blusen, T-Shirts, Pullovern, Jacken und Tüchern tragen. Probieren Sie eine Ihrer schwarzen Jacken für sich allein vor dem Spiegel an. Tragen Sie jetzt eine tolle Farbe darunter. Wirkt die Jacke jetzt nicht ganz anders? Selbst wenn sich Ihre Garderobe aus vielen schwarzen Kleidungsstücken zusammensetzt, können Sie Ihr Image ändern, indem Sie farbenfrohe Stücke hinzufügen, so daß diese Teile Ihrer Grundgarderobe mit geringen Ausgaben verschönert werden.

Wenn Sie im oberen Bereich füllig sind, sollten Ihre Jacken einen mittleren bis dunklen Ton haben (achten Sie dabei jedoch auf Farben und dunkle Töne, die sich mit Ihrer natürlichen Farbgebung vertragen), und wählen Sie eine etwas hellere Farbe oder einen gemusterten Rock als Ergänzung. Der Rock wird eine kokette Ablenkung von dem schweren Bereich oben sein (wahrscheinlich haben Sie zudem tolle Beine, die Sie vorzeigen können). Tragen Sie die dunkle Farbe im oberen Bereich nicht direkt bis in Gesichtsnähe; mildern Sie ihre Intensität, indem Sie etwas Hals zeigen (den Sie vielleicht zusätzlich mit einer besonderen Kette betonen), oder fügen Sie mit einem Tuch oder Kragen Persönlichkeit und Farbe hinzu. Auch wenn der obere Bereich Ihr Problembereich ist, dessen Wirkung gemildert werden soll, wollen Sie die Aufmerksamkeit dennoch auf Ihr Gesicht lenken.

Ist der untere Körperbereich fülliger, gilt natürlich das Umgekehrte: dunkle Farben für Hosen und Röcke, dazu vom Ton her abgestimmte Strumpfhosen und Schuhe. Im oberen Körperbereich sollten Sie jedoch keineswegs so zurückhaltend sein. Je auffälliger die Farben dort sind, desto weniger fallen Hüften und Oberschenkel ins Gewicht. Wenn Sie Farben zusammen mit den in Kapitel 2 und 3 beschriebenen Stilrichtlinien einsetzen, können Sie bestimmen, wohin die Aufmerksamkeit gelenkt wird, und gleichzeitig Ihre Persönlichkeit ausdrücken.

FARBENFROHE MUSTER
Die Auswahl von Mustern kann für jede Frau, unabhängig von ihrer Kleidergröße, eine echte Herausforderung sein. Doch fülligere Frauen müssen nicht nur darauf

achten, daß die Farben einen Ausgleich schaffen, sondern daß der Maßstab des Musters auch ihrer Statur entspricht.

Haben Sie jemals versucht, *schlanker* zu wirken, indem Sie kleine Muster getragen haben – winzige Tiere, kleine Punktemuster oder kleine Blumen –, um dann festzustellen, daß diese Muster Sie noch fülliger erscheinen lassen? Das Kleid mag passen, doch das Muster entspricht vom Maßstab her nicht der Körpergröße und dem Körperumfang, so daß Sie unweigerlich lächerlich aussehen und sich auch so fühlen.

RICHTLINIEN FÜR DIE MUSTERWAHL

Zierlich: 1 Meter 63 und kleiner; Größe 42 und darüber
- Kleine bis durchschnittlich große Muster
- Aufeinander abgestimmte Farben sind besser als auffallende Kontraste
- Begrenzen Sie den Einsatz von Mustern auf die obere Körperhälfte

Durchschnittlich groß bis groß: 1 Meter 65 und darüber; Größe 42 und darüber
- Durchschnittlich große bis große Muster
- Auffallende Kontraste sollten auf die obere Körperhälfte begrenzt werden
- Waagrechte Linien wirken am besten, wenn sie von durchschnittlicher Größe sind und in einem langen Stück getragen werden, z. B. in einer langen Jacke, einer großen Überbluse oder einem Kleid; vermeiden Sie sie, wenn sie allein auf den Rock beschränkt sind

Genauso mißglückt wirken Muster, die einfach nicht *Ihrer* Persönlichkeit entsprechen. Bedruckte Stoffe können sehr ausdrucksstark sein und etwas über Ihre Persönlichkeit aussagen. Aus diesem Grund sind Muster ja auch so faszinierend. Doch je eindeutiger das Muster ist, desto mehr sollte es *Ihnen* entsprechen. Nichts fällt mehr auf als ein Muster, das nicht zu Ihnen paßt und in dem Sie sich unwohl fühlen. Bei mir sind dies auffällige Streifenmuster. Von meiner Farbgebung her könnte ich sie tragen, doch sie entsprechen einfach nicht meiner Persönlichkeit. Sie sollten sich in Ihrer Kleidung – mit den Farben, dem Stil, den Details und Mustern – wohl fühlen. Ist das nicht der Fall, verschwinden solche Kleidungsstücke bald ungetragen ganz hinten im Kleiderschrank und sind eine weitere verschwendete Investition.

Die Wahl der besten Farben für ihre Muster sollte einer Frau, die ihre Farben hat analysieren lassen, nicht weiter schwerfallen. Doch häufig fragen unsere Kundinnen aufgeregt bei uns an, ob sie bestimmte Farben tatsächlich tragen können. Wenn Sie

Ihre Farbgebung verstehen, sollten Sie sich nach den Grundsätzen Ihrer saisonalen Farbpalette richten und nicht unbedingt versuchen, exakt die Farben zu finden, die Sie bei der Beratung als Stoffproben erhalten haben. Sie sind zweifellos ein guter Wegweiser für die Farben, die zu Ihnen passen, aber sie sind nicht das A und O. Es ist die Wirkung der Farben *insgesamt,* die festlegt, ob ein Druck für Sie geeignet ist.

EXPERIMENTIEREN SIE MIT MUSTERN

Wenn Sie wissen, daß das Wichtigste an Ihrer Farbgebung beispielsweise der weiche, gedeckte Look ist, dann halten Sie ein Muster unter Ihr Gesicht, um festzustellen, ob es sich Ihrer gedeckten Farbgebung anpaßt oder sie übertönt. Dies ist der Ausgangspunkt. Wenn das Muster harmonisch zu Ihrer natürlichen Farbgebung paßt, kommt es in Frage.

Betrachten Sie jetzt die anderen Farben in dem Muster selbst. Welche Kleidungsstücke passen dazu? Lehnen Sie ein Stück nicht gleich ab, nur weil die Farben in keinem anderen Stück Ihrer Garderobe vorhanden sind. Wenn Sie beispielsweise eine Bluse mit einem abstrakten Muster in gedämpften Blau- und Lilatönen betrachten und denken: «Ich habe keine lilafarbenen oder hellblauen Röcke oder Hosen», sollten Sie überlegen, zu welchen anderen Farben Ihrer Garderobe die Bluse passen könnte. Ein Kleidungsstück in Marine, Anthrazit, Steingrau oder warmem Grau könnte gut zu einer Bluse in diesen Tönen passen.

Bei der Wahl eines Musters entscheiden Sie, ob eine Farbe vorherrscht. Wenn ja, sollte es eine Ihrer «besten Farben» sein und zu Ihrer übrigen Farbpalette passen. Wenn ein Muster ein paar Nebenfarben im Hintergrund hat, ist dies nicht weiter schlimm, vorausgesetzt, die beherrschende Farbe und die Gesamtwirkung des Musters sehen toll an Ihnen aus.

129
· · · · ·

BIENEN AN DEN HONIGTOPF

Wie sieht es nun mit der Wirkung von Farben auf das andere Geschlecht aus? In der Tat reagieren Männer und Frauen völlig unterschiedlich auf Farben. Was uns Frauen gefällt, kann Männer ziemlich kaltlassen. Wenn Sie also frei und ungebunden sind, finden Sie hier einige Ratschläge zur Wahl der besten Farben für einen tollen Abend.

Männer sprechen im Gegensatz zu Frauen nicht so gut auf die gedeckten Töne an, die in jüngster Zeit in der Mode vorherrschend waren. Sparen Sie sich also Ihr Outfit im Armani-Stil fürs Büro auf, wo Sie mit diesen schlammigen, neutralen Tönen Punkte hinsichtlich Eleganz und Professionalität sammeln können. Hafermehl- und Beigetöne wirken im Geschäftsleben zugänglich, lassen die Männer nach der Arbeit jedoch völlig kalt.

Männer ziehen sich auch instinktiv von Frauen zurück, die Grau tragen. Je heller der Ton, desto schlimmer die Reaktion. Und anders als Frauen, speziell die

Herbsttypen, die in Grüntönen so wunderbar aussehen, können Männer mit den meisten Grüntönen an Frauen überhaupt nichts anfangen.

Männer mögen am liebsten klare, leuchtende Farben. Sie können sich für alles erwärmen, das sie an Fleisch erinnert, angefangen bei den blassesten Pfirsich- und Rosatönen bis hin zu lebhaften Rottönen. Doch wenn Sie Rot tragen, sollte es ein klares Feuerrot sein. Versionen wie Tomatenrot oder Rost sind Männern ein Horror.

Versuchen Sie es mit Blau, wenn die Farbe zu Ihnen paßt, aber es sollte ein kräftiges Blau sein. Marineblau erinnert die Herren der Schöpfung ans Büro. Ziehen Sie also Ihre autoritätsgebietende marineblaue Jacke aus, bevor Sie nach der Arbeit losdüsen, um einen Mann zu treffen, mit dem Sie über alles mögliche, nur nicht über die Arbeit reden wollen!

Schwarz ist in diesem Zusammenhang eine schwierige Farbe. Es wird immer als sinnlich und romantisch dargestellt, doch Männer brauchen viel Mut oder Ermutigung von Ihnen, um sich für Sie zu erwärmen, wenn Sie Ihr schwarzes Kleid tragen. Vielleicht liegt das daran, daß es eine so beherrschende, deutliche Farbe ist. Wahrscheinlich hält er Sie stolz im Arm, wird aber erst an Ihrem Ohrläppchen knabbern, wenn Sie sich des schwarzen Kleides entledigt haben. Außerdem müssen Sie in Schwarz die Initiative ergreifen, da es die am wenigsten zugängliche Farbe des Spektrums ist.

KAPITEL 7

So drücken Sie Ihre Persönlichkeit aus

Bei unseren Stilberatungen führen wir mit den Teilnehmerinnen ein Quiz durch, um ihre *Stilpersönlichkeit* festzulegen. Die sechs von uns verwendeten Typen sind der *natürliche,* der *klassische,* der *romantische,* der *dramatische,* der *kreative* sowie der *EuroChic-Typ.* Es ist sehr nützlich, die eigene Stilpersönlichkeit kennenzulernen, da man auf diese Weise viel mehr aus seiner Kleidung und den entsprechenden Accessoires herausholen kann. Wenn Sie Kleidung oder Accessoires aus einer Laune heraus kaufen, ohne zu überlegen, welche Persönlichkeit durch diese Stücke ausgedrückt werden soll, fühlen Sie sich in Ihrer Kleidung schließlich langweilig oder lächerlich.

Stellen Sie daher durch die Beantwortung der folgenden Fragen fest, ob Sie mit Ihrer Garderobe Ihre echte Persönlichkeit ausdrücken. Wählen Sie für jede Frage die am ehesten auf Sie zutreffende Antwort, auch wenn zwei oder drei Aussagen möglich wären. Am Schluß zählen Sie zusammen, welchen Buchstaben Sie am häufigsten angekreuzt haben, damit Sie Ihren Typ bestimmen können.

QUIZ ZUR STILPERSÖNLICHKEIT

1. Ich habe folgende Einstellung zu meiner Garderobe:
A Bequemlichkeit steht an erster Stelle
B Ich mag keine überladenen Modelle; alles muß einen Zweck erfüllen
C Meine Kleidung muß hübsch aussehen, sei es nun in der Freizeit, im Beruf oder zu festlichen Anlässen
D Abgesehen von einigen Stücken, die ich nur zu Hause trage, sind alle meine Kleidungsstücke ausdrucksstark
E Je verrückter, vielfältiger und unmöglicher, desto besser!
F Ordnung und Einfachheit; alles ist aktuell und läßt sich gut miteinander kombinieren

2. Für den Beruf bevorzuge ich folgende Art von Kleidung:
A Einzelstücke, die man gut untereinander kombinieren kann – bequem und trotzdem schick
B Klassisch geschnittene Kleidung
C Vorzugsweise weichere, locker fallende Schnitte

D Auffallende Kombinationen

E Individuell, aber angemessen

F Elegant gemischte neutrale Farben

3. Die von mir bevorzugte Kleidung fürs Wochenende:

A Lockere, legere Kleidung

B Ein zeitloser Rock und Pullover guter Qualität

C Hübsche Blusen und Oberteile; schöne Schuhe

D Etwas Aufregendes!

E Ethnische Kleidungsstücke, ungewöhnliche Teile, Avantgarde-Kleidung

F Einfach, aber schick

4. Meine Lieblingsfrisur sieht folgendermaßen aus:

A Eine unkomplizierte, lockere Windstoßfrisur

B Kontrolliert und ordentlich, aber nicht zu streng

C Eine weiche, stufig geschnittene Frisur; nie zu kurz

D Etwas Modernes; ich ändere meine Frisur regelmäßig

E Auffällig gelocktes Haar; ich verwende oft Tücher und Spangen

F Aktuell, aber zeitlos, im allerbesten Zustand

5. Meine Lieblingsstoffe sind:

A Denim, Strickstoffe, Strukturstoffe, Cord

B Natürliche Stoffe: reine Wolle, Baumwolle, Seide

C Jersey, Spitze, Seide

D Schwere Stoffe wie Samt und Brokat, Wildleder

E Metallic-Stoffe, Leder, kontrastierende Strukturen

F Die beste Qualität, die ich finden kann: Wollcrêpe, Kaschmir, Leinen

6. Als Schmuck wähle ich:

A Nicht viel; vorzugsweise Naturperlen und -steine

B Hauptsächlich echte Perlen oder Gold

C Feine Stücke, auch antiken Schmuck

D Auffallende Stücke, die wegen ihrer Wirkung getragen werden und niemals
   zusammengewürfelt aussehen

E Ethnische Ohrringe und Ketten, am liebsten mehrere auf einmal

F Echten Schmuck – Silber oder Gold –, den ich tagsüber und abends trage

7. Für den Abend würde ich am liebsten folgendes Kleidungsstück anziehen:

A Einen schönen Hosenanzug

B Ein einfaches schwarzes Kleid – nicht zu kurz und nicht zu lang

C Ein schönes Kleid mit vielen Details

D Eine farbenfrohe Seidenjacke oder Tunika zu einem einfarbigen Rock oder einer Hose

E Einen Kimono oder Kaftan mit allen dazugehörigen Accessoires

F Eine Smokingjacke und eine elegante Hose

8. Meine Lieblingsschuhe sind:

A Sport- oder Wanderschuhe

B Schlichte Pumps

C Schuhe mit höheren Absätzen und Details

D Schicke Stiefel oder was sonst gerade modern ist

E Ausgeflippte Modelle – angefangen bei Schuhen im Ballerinastil bis hin zu Doc Martins

F Schuhe mit leichtem Absatz in der neuesten Form

9. Meine Lieblingsfarben sind:

A Naturfarbtöne, keine Neonfarben

B Harmonisch abgestimmte Farben, keine auffallenden Kontraste

C Sowohl Pastelltöne als auch leuchtende Farben

D Satte, auffallende Farben mit Schwarz oder Weiß

E Alles, angefangen bei Neonfarben bis hin zu handgemalten Farben

F Neutrale Farben – Anthrazit, warmes Grau, Elfenbein und steingewaschene Töne

10. Ich würde gerne einen Stil entwickeln, der durch folgende Frau verkörpert wird:

A Roseanne Barr

B Tipper Gore

C Elizabeth Taylor

D Chaka Khan

E Bette Midler

F Oprah Winfrey

Antworten   Wenn Ihre Antworten in der Hauptsache aus **A** bestehen, sind Sie ein *natürlicher Typ*. Wenn Sie hauptsächlich mit **B** geantwortet haben, sind Sie ein *klassischer Typ*. Wenn Sie hauptsächlich mit **C** geantwortet haben, sind Sie ein *romantischer Typ*. Wenn Ihre Antworten hauptsächlich aus **D** bestehen, sind Sie ein *dramatischer Typ*. Haben Sie vorwiegend **E** gewählt, sind Sie der *kreative Typ*. Und wenn Ihre Wahl hauptsächlich auf **F** gefallen ist, sind Sie der *EuroChic-Typ*.

Wenn Sie sich nach Ihrer vorherrschenden Stilpersönlichkeit richten, kommen Sie mit Ihrer Garderobe am weitesten. Die Teile lassen sich viel leichter untereinander kombinieren, wenn beispielsweise die Schuhe zur Berufs- und Freizeitkleidung gleichermaßen getragen werden können. In einer Garderobe können auch zwei Persönlichkeitstypen verschmelzen. Wenn Sie beispielsweise eine Mischung aus natürlichem und kreativem Typ sind, bedeutet dies, daß Sie zwar bequeme Kleidung, aber auch ein gewisses Flair und Individualität in Ihrem Look wünschen. Manche Persönlichkeitstypen lassen sich jedoch nicht so leicht mischen. Dies trifft beispielsweise auf den klassischen und den romantischen Typ zu. Eine Rüschenbluse zu einem taillierten Kostüm wirkt einfach nicht. Wenn Sie daher zwei Stile mischen, etwa Ihre Kleidung fürs Wochenende und Ihre Berufskleidung, sollten sie miteinander harmonieren, damit Sie Kleidungsstücke besser untereinander austauschen können.

Sollte sich nach der Auswertung ergeben, daß Sie mehrere Stilpersönlichkeiten haben, ist Ihre Garderobe zweifellos in einem chaotischen Zustand. Sie sind die Frau, deren Kleiderschrank vollgestopft ist, die aber angeblich nie etwas zum Anziehen hat. Sie besitzen zweifellos viele Einzelstücke, die nicht zueinander passen. Es ist an der Zeit festzulegen, wer Sie wirklich sind und was Sie mögen, um etwas Ordnung in Ihr Leben zu bringen.

Wenn Sie Ihre vorherrschende Stilpersönlichkeit kennen, bedeutet dies nicht, daß Sie ein Leben lang auf sie festgelegt sind oder daß Sie keine neuen Dinge hinzufügen können, um frischen Wind in Ihren Look zu bringen. Wichtig ist, daß Sie Ihrer inneren Persönlichkeit gegenüber ehrlich sind und gleichzeitig darauf achten, daß die gewählten Accessoires und Kleidungsstücke Ihre äußeren Merkmale ergänzen. Viele füllige Frauen sind sehr weiblich und romantisch. Sie mögen weiche Stoffe wie Seide, Jersey und Samt: Wenn sich ein Stoff schön anfühlt, ist er wie geschaffen für sie. Doch wenn sehr weiche Stoffe nicht vorteilhaft für Ihre Figur sind, dürfte das Ergebnis nicht sehr befriedigend sein. Die Lösung lautet also nicht, das Gegenteil von dem, was man mag, zu tragen, nur weil es besser zu Körperfülle und -form paßt, sondern beim Stil Kompromisse einzugehen, so daß das wahre romantische Ich beispielsweise durch die Accessoires ausgedrückt wird – ein Chiffontuch, zarte, herabhängende Ohrringe, ein hübscher Armreif, Schleifen auf den Schuhen, eine attraktive Haarspange usw.

Der letzte Schliff bei Ihrem Image sind die Signale, die Sie an die Welt aussenden. Natürlich drücken Schnitt, Struktur und Farbe der Kleidung Ihre Persönlichkeit ebenfalls aus, doch häufig, wenn eine Frau bewußt oder aus Bequemlichkeit einfach gekleidet ist, sind es ihre *Accessoires,* die ihrer Umwelt sagen, was für eine Frau sie wirklich ist.

Denken Sie an die Signale, die Sie mit den Accessoires unbewußt aussenden. Ich erinnere mich, wie ich an einem Samstag nach einer Präsentation zur Mittagszeit nach Hause eilte, wo meine irritierte Familie schon lange auf meine Gesellschaft und den versprochenen Spaziergang wartete. Schnell wechselte ich meine Kleidung und zog mir Shorts, T-Shirt und Wanderstiefel an. Nach einer etwa einstündigen Wanderung trafen wir ein paar Freunde. Plötzlich fiel mir ein, daß ich völlig vergessen hatte, meinen Schmuck abzulegen. Mitten im Wald stand ich da in meiner Wanderkleidung, die durch Kette, Ohrringe und Armreifen betont wurde, was ziemlich albern aussah. Das Gelächter meiner Freunde war durchaus verständlich, und ich bin mir sicher, daß sie hinter meinem Rücken einige Bemerkungen darüber machten, wie gekünstelt Image-Consultants doch sind!

Zwischen den gewählten Accessoires, Ihrem Outfit *und* dem Ereignis sollte eine Beziehung bestehen. Doch natürlich bestehen auch kulturelle Unterschiede. In Frankreich muß man eine Frau nicht lange davon überzeugen, mehrere Armreifen auf einmal zu tragen, während eine Holländerin, die neben einem bescheidenen Paar Ohrringen noch mehr Schmuck trägt, sich gleich wie ein Weihnachtsbaum fühlt. In der Tat würden meine amerikanischen Freunde überhaupt nicht verstehen, was Besonderes daran ist, auf einer Wanderung mit Goldschmuck behängt ertappt zu werden – viele legen Ketten und Armbänder nicht einmal ab, wenn sie schwimmen gehen!

Wenn Sie Ihre Accessoires zusammenstellen, sollten Sie ihre Beziehung untereinander in Betracht ziehen. Straßohrringe senden zusammen mit einem Paisley-Schal gemischte Signale aus, denn der Schmuck ist recht elegant, während der Schal eher für den Tag geeignet ist. Doch obwohl Accessoires sorgfältig zusammengestellt werden sollten, müssen Sie nicht hundertprozentig auf Nummer Sicher gehen oder sich im Laden von oben bis unten wie ein Ausstellungsstück behängen lassen. Selbst wenn Sie für Ihren eleganten, klassischen Look gerne eine Kette mit passenden Ohrringen tragen würden, macht es doch auch Spaß zu sehen, wie man Modezubehör anders zusammenstellen kann. Je klüger und experimentierfreudiger Sie mit Ihren Accessoires umgehen, desto mehr Nutzen ziehen Sie aus ihnen. Außerdem werden Sie dann keine Schuldgefühle haben, wenn Sie sich einmal ein neues Stück gönnen!

DER NATÜRLICHE LOOK

Sie gehören zu den Frauen, die oft vergessen, überhaupt Accessoires zu tragen, und sogar darauf verzichten, wenn sie zu einer Party gehen. Doch das heißt nicht, daß Sie mit einem Minimum an Accessoires nicht großartig aussehen. Mit zuviel «Gehänge» fühlen Sie sich unwohl oder übertrieben gekleidet. Hier sind einige Möglichkeiten aufgeführt, die Ihren legeren, lockeren Stil schön ergänzen.

Ohrringe
- Einfache Goldohrringe oder Kombinationen aus Gold und Silber
- Matte, nichtglänzende Metalle
- Rauhe, unpolierte Steine
- Handgearbeitete Einzelstücke

Halsketten
- Ein Uhrenanhänger
- Perlen an Ketten aus Metall, Schnur oder Stoff
- Eine einfache Perlenkette für den Abend

Armreifen
- Handgeschnitzte Stücke aus Holz
- Ein breites Kettenarmband aus Gold, das allein oder zusammen mit der Uhr getragen wird
- Einfache Lederbänder oder Lederbänder mit Goldmotiven

Broschen
- Einfache handgearbeitete Stücke
- Gold- und Perlenkombinationen für den Abend

Tücher
- Karos, Wollgewebe, Paisley
- Zarte Muster und Farben

Accessoires fürs Haar
- Sie würden Sie verrückt machen; tragen Sie lieber keine

136
· · · · ·

Die natürliche Frau wirkt am besten, wenn sie sich ganz ungekünstelt gibt.

DER KLASSISCHE LOOK

Für eine Frau, die einen eleganten klassischen Look wünscht, ist Ausgewogenheit besonders wichtig. Die Ohrringe sollten nie zu klein oder zu groß, und Ketten oder Armreifen nicht aufdringlich sein. Sie wollen keine übertriebenen Details in Ihrem Image. Aus diesem Grund sollten Sie Tücher mit einer Brosche sichern, statt sie sich selbst zu überlassen. Es folgen einige Ideen für Ihren klassischen Look.

Ohrringe
- Mattgold, Perlen oder Silber (zu grauem Haar)
- Straß in begrenztem Umfang, z. B. gemischt mit Gold oder Perlen, nicht für sich allein
- Herabhängende Ohrringe, die nicht zu lang sein sollten (diesen Stil sollten Sie meiden, wenn Sie ein Doppelkinn haben)
- Gold und Steine in feinen, ordentlichen Fassungen
- Niemals mehr als ein Ohrring pro Ohrläppchen!

Halsketten
- Innerhalb der Richtlinien für Ihren Hals (siehe Seiten 72/73)
- Immer nur eine
- Symmetrisch angeordnete Steine oder ein auffallendes Stück
- Eine ein- oder zweireihige Perlenkette

Armreifen
- Ein einzelner Armreif von 1 bis 2 cm Breite
- Ein Goldkettchen, das Sie zur Uhr tragen
- Ein Email- und Goldreif
- Perlen- und Straßkombinationen für den Abend

Broschen
- Nichts, das größer als ein Zweimarkstück ist
- Mattgold allein oder in Kombination mit Perlen
- Tierfiguren, die nicht zu viele Details aufweisen

Tücher
- Paisley, geometrische Muster, Tupfen, Foulard

Accessoires fürs Haar
- Einfache Samt-, Leder- oder grobgerippte Haarreifen
- Schildpattähnliche Spangen

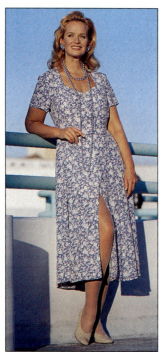

Der romantische Look

Sie lieben Accessoires von Natur aus und tragen sie auch, wenn Sie nur schnell zum Kaufmann um die Ekke gehen oder morgens Unkraut jäten! Sehr grobe oder ethnische Accessoires sind nicht das Richtige für Sie, da Ihre weibliche Natur aufwendigere Details braucht.

Ohrringe

- Wenn Sie Ohrstecker tragen wollen, sollten sie Details aufweisen und nicht zu schlicht sein
- Herabhängende Ohrringe (abhängig von der Form Ihres Halses, wie auf Seiten 72/73 beschrieben)
- Perlen- und Goldkombinationen, zart gefaßt
- Glitzernde Steine und Straß

Halsketten

- Keine sehr feinen Ketten, es sei denn, Sie tragen mehrere auf einmal
- Medaillons mit Details
- Perlenketten von mittlerer Länge
- Für den Abend eine Kette mit glitzernden Ornamenten oder einem Anhänger, der bis zum Dekolleté herabreicht!

Armreifen

- Armreifen mit vielen kleinen Anhängern, aber nur, wenn Ihr Handgelenk nicht zu breit ist
- Zarte Gold- und Perlenarmbänder, die Sie zur Uhr tragen
- Samt- und Spitzenarmbänder

Broschen

- Mehrere kleine Stücke, zusammen getragen
- Kameen, Straßtiere
- Zarte, handgearbeitete Gold- und Silberstücke

Tücher

- Spitze (auch für die Brusttasche), Samt, Chiffon, Seide
- Gedämpfte Farben aus Ihrer Palette
- Abstrakte Muster, Blumenmuster, Tupfen oder einfarbige Tücher

Accessoires fürs Haar

- Haarbänder aus Samt mit Drahteinlage
- Accessoires mit Spitze, Chiffonknoten

OBEN Romantische Frauen lieben feminine Kleider, speziell wenn diese etwas Bein zeigen.

UNTEN Ein Spitzenoberteil wirkt immer romantisch.

Der dramatische Look

Dies sind Frauen, die gerne auffallen und wissen, wie sie ihre Accessoires äußerst wirkungsvoll einsetzen können. Die Mode ändert sich ständig, und für diesen Typ ist es wichtig, immer auf dem neuesten Stand zu sein. Wahrscheinlich blättern Sie ständig die Modezeitschriften durch und durchwühlen Geschäfte, um immer aktuell gekleidet zu sein. Hier folgen ein paar allgemeine Richtlinien, die Ihnen helfen, in jeder Saison die richtige Wahl zu treffen.

Ohrringe
- Kühne, auffallende Entwürfe aus den verschiedensten Materialien
- Keine zu kleinen Stücke, es sei denn, es handelt sich um einen Ohrstecker mit Anhänger
- Sehr grobe ethnische Stücke sind für Sie nicht dramatisch oder vielseitig genug (außer, sie sind gerade *in*)

Halsketten
- Auffallende, handgearbeitete Silberketten
- Perlen- und Troddelanhänger
- Mehrere Stränge aus Gold und/oder Perlen
- Auffallende kurze Halsketten (falls Ihr Hals dies zuläßt – Einzelheiten finden Sie auf Seiten 72/73 und 142), auch Halsreifen

Armreifen
- Mehrere schmale Armreifen auf einmal
- Eine große Uhr an einem Armband aus Lackleder
- Ein auffallender, breiter Armreif

Broschen
- Abstrakte Stücke
- Stücke, über die man spricht – «Wo hast du die denn her?»
- Stücke oder Materialien aller Art – solange sie nicht zu grob oder zu alltäglich sind

Tücher
- Große Tücher mit auffallenden Mustern/Farben
- Wickeltücher aus Samt oder Brokat
- Längliche Seidentücher in auffallenden Farben
- Einfarbige Tücher für die Brusttasche

Accessoires fürs Haar
- Breite Samtbänder – feinere Accessoires wären nicht dramatisch genug

DER KREATIVE TYP

Sie wollen nicht in irgendeine Schublade gesteckt werden, sondern wissen, daß sich Ihr Stil am besten als «kreativ» beschreiben läßt. Sie denken sich ständig neue Dinge aus, lassen sich von Filmen, Büchern und selbst von Ihrer exzentrischen Großmutter inspirieren! Die folgende Liste wird Ihren Horizont nie begrenzen, sondern Ihnen, wie ich hoffe, helfen, auf Ihrem wunderbar kreativen Weg zu bleiben.

Tragen Sie Ketten, Armreifen, Stiefel und einen Hut zu einem ganz einfachen Outfit – und *voilà!* Oder fallen Sie mit einer umwerfenden Farbe auf, die Sie wie bei diesem Kleid von Kopf bis Fuß einsetzen, aber tragen Sie nie langweilige Strümpfe dazu.

Ohrringe
- Beliebig viele Stücke an jedem Ohr
- Nur einmalige, handgearbeitete oder alte Stücke
- Jedes Material, das Ihnen gefällt

Halsketten
- Tragen Sie gleich viele auf einmal oder auch überhaupt keine, da Ihr Outfit zweifellos auch ohne Schmuck wunderbar aussieht
- Wie bei den Ohrringen können Sie jedes beliebige Material wählen

Armreifen
- Keine traditionellen, glänzenden Goldreifen oder belanglose Perlenarmbänder
- Auffallende, einmalige Stücke (die nicht unbedingt teuer sein müssen)
- Mehrere Armbänder, die zusammen getragen werden

Broschen
- Antike Stücke, die nicht zu zart oder klein sind
- Kühne, ethnische Stücke

Tücher
- Jeder Stoff, jede Struktur oder Farbe
- Ein auffallendes Muster, das über einfarbiger Kleidung oder als Kontrast zu anderen Mustern getragen wird

Accessoires fürs Haar
- Nur Accessoires, die Sie selbst herstellen
- Auf interessante Weise gebundene Tücher

DER EUROCHIC-STIL

Dieser Persönlichkeitsstil ist eine Kombination aus dem klassischen, dem natürlichen und dem dramatischen Typ, ist aber gleichzeitig von einer aktuellen Eleganz, die nicht spießig ist. Dieser Look paßt gut zu allen Gelegenheiten, so daß Sie jederzeit den ganzen Tag über richtig gekleidet sind. Als Frau dieses Typs können Sie die Richtlinien der drei oben erwähnten Persönlichkeitstypen befolgen, sich für Ihre beiden Lieblingsstile entscheiden und diese so mischen, daß Sie sowohl schick als auch aktuell angezogen sind.

Ohrringe
- Klassisch und unverwechselbar

Halsketten
- Tragen Sie keine Kette, wenn Sie besondere Ohrringe tragen
- Perlenketten – kurze oder mehrreihige

Armreifen
- Ein eleganter Armreif mit Uhr
- Breite Armreifen
- Kombinationen aus Steinen und Gold

Broschen
- Nichts, was allzu «blechig», glitzernd oder verrückt wirkt
- Gehen Sie im Zweifel ohne

Tücher
- Längliche Chiffontücher in Eisfarben für den Sommer und in Edelsteintönen für den Winter
- Ein großes Samttuch über einem einfachen Kleid am Abend ist der ultimative EuroChic

Accessoires fürs Haar
- Eine Spange im Schildpattstil oder ein Haarband aus Samt

OBEN Aktualisierte Klassiker, die überall und jederzeit gut aussehen, werden zum EuroChic.

UNTEN Die im Stil des EuroChics gekleidete Frau wirkt selbstbewußt und stilvoll.

DIE WAHL DER BESTEN ACCESSOIRES

Unsere Kundinnen lassen sich gerne erklären, wie man die besten Formen, Metalle, Steine sowie Größen für Accessoires festlegt. Accessoires sollen Ihre Stilpersönlichkeit insgesamt ergänzen, aber Ihnen auch schmeicheln.

OHRRINGE

Die Wahl der Ohrringe ist besonders schwierig. Warum sieht ein bestimmter Stil gut aus, ein anderer jedoch nicht? Statt immer nur dieselben Ohrringe zu tragen, sollten Sie lernen, worauf man bei der Erforschung neuer Möglichkeiten achten muß. Nehmen Sie mehrere Ohrringe aus Ihrem Schmuckkasten und beurteilen Sie, wie gut sie an Ihnen wirken. Setzen Sie sich vor den Spiegel und stellen Sie sich zu allen Paaren folgende Fragen:

- **Paßt die Größe zu meiner Körperfülle?** Sehr kleine Ohrringe an fülligeren Frauen lassen diese noch üppiger wirken. Wenn Sie schwer und groß sind und möglicherweise auch noch einen groben Knochenbau haben, sollten Sie sich für etwas größere Ohrringe entscheiden.

- **Schmeichelt die Form meinem Gesicht?** Wenn der Ohrring breit und Ihr Gesicht voll ist, wirken Ihre Wangen noch breiter. Entscheiden Sie sich lieber für Ohrringe, die flach anliegen oder senkrecht herabhängen.

- **Ist die Farbe, das Metall, der Stein für mich vorteilhaft?** Egal, wie interessant ein Ohrring ist, er wird billig aussehen, wenn er nicht zu Ihrer Farbgebung paßt. Überprüfen Sie dies selbst. Wenn Sie einen warmen Hautton haben, beispielsweise viele Sommersprossen, halten Sie einen Silberohrring ans Gesicht. Selbst wenn es sich um Sterlingsilber handelt, wird er neben Ihrer Haut und dem warmen Haarton sehr unvorteilhaft aussehen. Dasselbe trifft für Goldohrringe zu, die zu einem schönen grauen Haarton getragen werden.

Entscheiden Sie, ob eine glänzende oder eine matte Oberfläche besser ist. Vielleicht können Sie beides tragen, aber das trifft nicht für alle Frauen zu. Frauen mit «mausbraunem» Haar und braunen oder haselnußbraunen Augen sehen mit glänzenden Ohrringen nicht so elegant aus wie mit matten Gold- oder Perlohrringen. Für Steine gilt in diesem Fall, daß sie möglichst rauh und nicht glänzend sein sollten – egal, ob es sich um echte oder unechte Steine handelt!

HALSKETTEN

- **Ist die Länge vorteilhaft?** An dieser Stelle müssen Sie sich mit der Länge und Breite Ihres Halses und Ihres Kinns auseinandersetzen. Wenn Sie in diesem Bereich füllig sind, sollten Sie gar keine oder höchstens sehr lange Ketten tragen. Ein längerer Hals sieht mit kürzeren Halsketten besser aus. Zu einer langen Kette sollten Sie zusätzlich eine kürzere tragen, um den vorhandenen Raum auszugleichen. Lange Perlenstränge nehmen Sie doppelt.

1 Winzige Ohrringe wirken an einer auffallenden Frau zu unauffällig.

2 Größere Ohrringe passen vom Maßstab her besser zu Ihrer Größe.

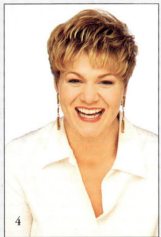

3 Bei der Wahl von Ohrringen sollten Sie darauf achten, daß diese Sie nicht an Stellen, wo es unangebracht wäre, breiter wirken lassen.

4 Länger herabhängende Ohrringe können helfen, ein kurzes oder volles Gesicht zu verlängern.

5 Kurze Halsketten können Ihren Hals kürzer und dicker wirken lassen.

6 Längere Ketten verlängern den Oberkörper.

- **Ist das Gewicht der Kette richtig für Sie?** Wie bei Ihren Ohrringen muß der Maßstab oder das Gewicht der Kette – nebst Anhänger – mit Ihrer Körpergröße harmonieren. Eine sehr zarte, feine Kette wirkt an einer fülligen Frau mit großer Statur zu unauffällig. Sie sieht mit einer schwereren Kette mit mehr Details viel interessanter aus.

- **Ist der Konzentrationspunkt gut für Ihre Figur?** Man läßt sich leicht von einem schönen Anhänger zum Kauf verleiten, doch wenn Sie nicht überlegen, an welcher Stelle sich der Anhänger befindet, kann das Ergebnis katastrophal sein. Bei einem vollen Busen halten Sie sich lieber an Ketten, Perlenstränge oder einen einfachen Anhänger, der flach auf dem Busen anliegt. Längere Ketten mit auffallenden Anhängern hüpfen auf einem vollen Busen wie wild umher und lenken die Aufmerksamkeit direkt dorthin, wo sie unerwünscht ist.

RINGE UND ARMREIFEN

Ringe und Armreifen lenken die Aufmerksamkeit auf Ihre Hände. Wenn diese schön geformt sind, können Sie innerhalb der Grenzen Ihrer eigenen Persönlichkeit in diesem Bereich so viel Schmuck tragen, wie Sie mögen. Bei kurzen und dicken Fingern hingegen sollten Sie die Auswahl Ihrer Ringe auf Stücke mittlerer Größe, die Sie nur am Ringfinger tragen, begrenzen. Falls Sie zugenommen haben, lassen Sie Ihre Ringe erweitern, damit Sie sie leicht überstreifen können.

Armreifen sollten genau wie Ihre Uhr nie eng anliegen, sondern sich leicht drehen lassen. Wenn Ihre Arme kurz und die Handgelenke kräftig sind, tragen Sie nur einen einzelnen Armreif, der weder zu zart (beispielsweise ein dünnes Goldkettchen) noch zu dick ist (ein breiter Armreif oder mehrere dünne Armreifen).

TÜCHER

Tücher können das Tüpfelchen auf dem i oder eine absolute Katastrophe für Ihr Outfit sein. Ein einfaches Kleid ohne Details kann eine ganz neue Persönlichkeit annehmen, wenn es mit einem schönen Tuch ergänzt wird. Doch andererseits haben Sie wahrscheinlich auch schon einmal eine Frau gesehen, die ziemlich lächerlich aussah, weil ein Tuch das gesamte Outfit zu beherrschen schien.

Nur durch Herumprobieren werden Sie die besten Möglichkeiten in bezug auf Tücher für sich entdecken. Ziehen Sie ein schlichtes Kleid an, wenn Sie in ein Kaufhaus mit einer großen Auswahl an Tüchern gehen, und legen Sie los. Wenn irgend jemand auf Sie zugeht und Ihnen ein paar aufregende Tricks mit Tüchern zeigen will, sollten Sie achtsam sein. Am elegantesten wirken Tücher, wenn man sie ganz unauffällig trägt. Man sollte den Eindruck haben, daß das Tuch mit Bedacht ausgewählt, angelegt und dann vergessen wurde. Ein Tuch, an dem Sie den ganzen Tag lang herumzupfen müssen, lenkt Sie und andere nur ab und ist ein Ärgernis für Sie!

KAPITEL 8

Ein gepflegtes Äußeres

Der Stolz auf das eigene Erscheinungsbild hat einen positiven Einfluß auf die Selbstachtung sowie auf die Wirkung, die man auf andere ausübt. Durch ein gepflegtes Äußeres zeigen Sie der Welt, daß Sie sich respektieren und daher auch den Respekt der anderen verdienen. Es macht nichts, wenn Gesicht, Haar oder Figur nicht perfekt sind. Von Bedeutung ist, daß Ihnen das, was Sie vorzuweisen haben, *wichtig* ist. Andererseits sollten Sie es auch nicht übertreiben, was die für die Pflege aufgewendete Zeit und Aufmerksamkeit betrifft. Die meisten haben morgens und abends nur ein paar Minuten Zeit und wenden sich lieber dem Leben zu, als zu lange in den Spiegel zu starren. Allerdings sollten Sie sich im klaren darüber sein, daß Ihr Körper genau wie Ihre Kleidung regelmäßig gepflegt sein will, damit er bestmöglich zur Geltung kommt.

Eine wunderbare Garderobe kann viel Geld kosten, während gute Pflege nicht teuer sein muß. Es geht im Grunde nur darum, sich um den Zustand von Haut, Nägeln, Zähnen, Haar und Körper zu kümmern, so daß die Kleidung schließlich doppelt so teuer wirkt, wie sie in Wirklichkeit war. Überlegen Sie einmal, welche Frauen in Ihrem Bekanntenkreis immer gut gepflegt aussehen. Heute bedeutet gute Pflege nicht unbedingt perfekt lackierte Fingernägel, die farblich zum Lippenstift passen, oder eine Frisur, die ungeachtet des Wetters nie ihre Form verliert. Es geht vielmehr darum, gesund und formvollendet auszusehen. Wir wollen daher mit den Grundlagen der Körperpflege beginnen und uns zum Abschluß mit einem natürlichen oder glanzvollen Make-up befassen.

KÖRPERPFLEGE

Sicherlich ist die Körperpflege bei Ihnen auch schon einmal zu kurz gekommen. Vielleicht hatten Sie verschlafen, hatten keine Zeit zu duschen, haben sich schnell angezogen und sind dann noch kurz mit der Bürste durchs Haar gefahren. Einigermaßen zerzaust sind Sie zur Arbeit gegangen und haben dann den ganzen Tag über versucht, diesen unfertigen Zustand zu verbergen oder irgendwie wettzumachen. Da Sie keine Zeit für eine Dusche hatten, haben Sie sich wahrscheinlich während des ganzen Tages unwohl gefühlt, denn wenn der Körper nach der nächtlichen Ruhe nicht gereinigt wird, trägt dies zu Körpergeruch bei, der sich auch auf die Kleidung überträgt.

Um sich jeden Tag frisch zu fühlen, braucht man ein morgendliches und ein abendliches Pflegeprogramm. Selbst wenn Sie vor dem Zubettgehen gebadet haben, sondern Sie in der Nacht Schweiß ab, der sich auf dem Körper festsetzt; diese Schweißschicht vermischt sich mit den natürlichen Körperbakterien und muß entfernt werden, wenn Sie den Tag ohne Körpergeruch überstehen wollen. Fülligere Frauen schwitzen bisweilen stärker als andere Menschen und sollten ihren Körper daher zweimal täglich reinigen.

ZWEIMAL PRO TAG

Ein schnelles Duschbad am Morgen ist die schnellste und einfachste Möglichkeit, den Körper zu reinigen. Ein Vollbad ist entspannend, aber nur unter der Dusche können Sie Ihren Körper richtig abspülen. Verwenden Sie immer ein Deodorant, das gut duftet und verhindert, daß Ihre Kleidung zuviel Schweiß aufnimmt. Antitranspirants trocknen die Schweißdrüsen aus, so daß weniger Schweiß produziert wird. Für den täglichen Gebrauch sind sie aus gesundheitlichen Gründen ungeeignet, denn es ist wichtig, daß der Körper soviel Flüssigkeit wie nötig abgibt. Benutzen Sie Antitranspirants daher nur bei sehr schwülem Wetter oder wenn ein besonders nervenaufreibendes Ereignis ansteht.

KÖRPERMASSAGE MIT DER BÜRSTE

Zur Verbesserung der Blutzirkulation der Haut können Sie Ihren Körper mit einer Bürste massieren. Verwenden Sie einen trockenen natürlichen Luffa-Schwamm oder eine spezielle Körperbürste mit kurzen Naturborsten, um Ihre Haut mit möglichst festen Kreisbewegungen in Richtung Herz zu massieren. Arbeiten Sie sich die Arme und Beine hinauf und bitten Sie Ihren Partner um Hilfe, um schwer zugängliche Regionen wie die Schultern, die Rückseite der Arme und Beine usw. zu erreichen.

Eine Bürstenmassage für den Körper hat viele Vorteile. Einige Fachleute sind der Meinung, daß eine zweimal wöchentlich durchgeführte Massage überschüssige Flüssigkeit, die sich ansammelt und Zellulitis verursacht, verringern kann. Durch eine Verbesserung der Zirkulation in diesem Bereich und dadurch, daß die Poren offengehalten werden, besteht eine bessere Chance, daß Flüssigkeiten oder Giftstoffe eliminiert werden.

Weitere Vorteile der Bürstenmassage:

- Glättet die Haut und verhindert die Bildung von trockenen Hautbereichen (speziell im Winter)
- Verhindert «Gänsehaut», die sich verhärten kann und sich rauh anfühlt
- Hilft, Körperlotionen aufzunehmen, so daß sie besser wirken

Desodorierende Seifen riechen wunderbar, können jedoch die natürlichen Reinigungsmechanismen des Körpers stören. Wählen Sie lieber eine milde Seife, denn schließlich wollen Sie Schweiß und natürliche Körperbakterien einfach abwaschen. Das Wasser sollte nicht zu heiß sein, sonst schwitzen Sie nach der Dusche nur noch stärker. Zudem würde dadurch die Haut ausgetrocknet.

Am Abend kann ein entspannendes Bad sehr wohltuend sein, und es entfernt gleichzeitig den tagsüber angesammelten Schweiß. Anschließend sollten Sie sich noch mit der Handbrause abspülen oder besser noch einmal schnell unter die Dusche springen. Wenn Sie nicht gerne abends baden oder dafür keine Zeit haben, empfehle ich ein schnelles Duschbad, speziell dann, wenn Sie einen anstrengenden Tag hinter sich haben und wissen, daß sich in bestimmten Körperbereichen eine Schweißschicht angesammelt hat.

Diese zweimal täglich durchgeführte Reinigung ist besonders wichtig, wenn Sie Ihre Periode haben, da der Genitalbereich immer sauber sein sollte. Spezielle Sprays für den Intimbereich oder Slipeinlagen sind ein cleverer Werbetrick, aber nicht nötig, wenn Sie zweimal täglich eine Körperreinigung durchführen. Derartige Produkte können sogar Reizungen oder Allergien verursachen. Unabhängig davon, ob Sie sie verwenden oder nicht, ist ein allfälliger Geruch im Vaginalbereich möglicherweise auf eine leichte Infektion zurückzuführen, die vom Arzt behandelt werden sollte.

DIE HAUTPFLEGE

Das Make-up sollte nicht dazu dienen, Ihre Haut zu verstecken, sondern vielmehr Ihre natürliche Schönheit unterstreichen. Die «Leinwand», die Sie verschönern – Ihre Haut also –, sollte so gesund wie möglich sein.

Bis in die jüngste Vergangenheit haben viele Frauen ihre Hautpflege auf die Anwendung von Wasser und Seife beschränkt. Solch einfache Maßnahmen tragen jedoch wenig dazu bei, dem mannigfaltigen Streß, dem die Haut der modernen Frau ausgesetzt ist, entgegenzuwirken: Emotionale Belastungen, eine falsche Ernährung sowie Schadstoffe in der Umwelt bombardieren unser Gesicht täglich und ziehen die Haut in Mitleidenschaft. Doch durch die Fortschritte in der vorsorgenden und unterstützenden Hautpflege *kann* unsere Haut heute glatt, gesund und sogar jünger aussehen.

LEGEN SIE IHREN HAUTTYP FEST

Dies ist gar nicht so kompliziert, wie die Kosmetikerinnen uns glauben machen wollen. Manchmal wirkt die Haut trockener oder öliger, als sie tatsächlich ist, was von den verwendeten Produkten und von der Gründlichkeit der Reinigung abhängen kann. Wie sieht Ihre Haut aus, und wie fühlt sie sich an? Wie sollte sie sich Ihrer Meinung nach anfühlen? Was würden Sie gerne an Ihrer Haut ändern?

Beantworten Sie die Fragen auf der gegenüberliegenden Seite, um Ihren Hauttyp festzulegen, so daß Sie dann die richtigen Produkte für eine einfache, zweimal täglich durchzuführende Reinigung wählen können.

SCHRITT 1: DIE REINIGUNG

Obwohl das Make-up die Haut im Grunde vor Umwelteinflüssen schützt – es hält die schädlichen Sonnenstrahlen ab, die zur Hautalterung beitragen, fängt Schadstoffe ab usw. –, muß es abends dennoch gründlich entfernt werden. Seifen, mit denen Sie den Körper von Schmutz und Schweiß reinigen, sind fürs Gesicht *nicht* geeignet.

Für die zarte Gesichtshaut wurden spezielle Reinigungsmittel entwickelt, die Make-up und Schmutz entfernen, während sie gleichzeitig für einen guten Hautzustand sorgen und den natürlichen «Säuremantel» oder pH-Wert aufrechterhalten. Die Wahl des Reinigungsmittels hängt von Ihrem Hauttyp und Ihren persönlichen Vorlieben ab.

Trockene Haut Wählen Sie einen Cremereiniger oder eine cremige Lotion für Ihren Hauttyp, der sich abspülen oder mit einem Kosmetiktuch abnehmen läßt. Reinigungsmittel für die trockene Haut sind reich an Weichmachern und Fetten, die Ihrer Haut fehlen, so daß sie sich nach der Reinigung sauber, aber weich anfühlt. Selbst wenn Sie das Reinigungsmittel mit feuchter Watte abgenommen haben, spritzen Sie sich anschließend (über dem Waschbecken) fünfzehnmal lauwarmes Wasser ins Gesicht, um die Haut anzufeuchten. Viele Fachleute sind heute der Meinung, daß eine tägliche Dosis warmes Wasser die Haut verjüngen kann. Es macht ein wenig Mühe, doch das Ergebnis lohnt allemal.

Normale oder Mischhaut Sie können entweder eine milchige Lotion oder ein Schaumreinigungsmittel wählen. Manchmal steht auf dem Etikett «Für alle Hauttypen geeignet», doch es handelt sich immer um wasserlösliche Reinigungsmittel, die abgespült werden. Wenn es das richtige Mittel für Ihre Haut ist, fühlt sie sich nach der Reinigung sauber und frisch an, ohne zu spannen. Wenn Ihre Haut spannt, sollten Sie lieber ein Mittel für trockene Haut verwenden.

Fettige Haut Für Sie sind schäumende Reinigungsmittel, die abgespült werden, das richtige, weil sie Ihnen das gleiche saubere Gefühl wie bei der Anwendung von «Wasser und Seife» vermitteln. Schrubben Sie nicht zu stark, sondern überlassen Sie die Arbeit dem Reinigungsprodukt. Mit sanften, kreisenden Bewegungen entfernen Sie Schmutz und überschüssiges Fett. Falls nötig, wiederholen Sie die Reinigung.

Alle Hauttypen: Die Reinigung des Augenbereichs Das Gewebe im Augenbereich ist besonders zart und erfordert ein spezielles Reinigungsmittel, das weder zu reichhaltig ist noch zu austrocknend wirkt. Wählen Sie ein Produkt, das für empfindliche Haut geeignet ist. Streichen Sie sanft mit Wattepads, die zuvor in das Reinigungsmittel getaucht wurden, über den Augenbereich. Achten Sie darauf, daß alle Make-up-Spuren entfernt werden.

SO ERMITTELN SIE IHREN HAUTTYP

1. Nach der Reinigung fühlt sich meine Haut so an:
___ T Sehr angespannt und trocken
___ N Etwas angespannt, aber glatt
___ F Überhaupt nicht angespannt; angenehm

2. Nach der Reinigung habe ich das Gefühl, daß meine Haut folgendes braucht:
___ T So schnell wie möglich eine reichhaltige Feuchtigkeitscreme!
___ N Eine leichte Feuchtigkeitslotion
___ F Nichts; sie fühlt sich genau richtig an

3. Ich leide unter Hautunreinheiten:
___ T Selten
___ N Gelegentlich
___ F Oft

4. Mein Make-up beginnt zu glänzen:
___ T Selten oder nie
___ N Im späteren Verlauf des Tages; nur im Bereich von Nase, Stirn, Kinn
___ F Innerhalb einer Stunde; meistens im ganzen Gesicht

5. Meine Haut wirkt:
___ T Trocken und schuppig; ausgetrocknet und porenlos
___ N Im Grunde glatt und ebenmäßig; kleine Poren
___ F Rauh und grob; große Poren, einige Mitesser

Zählen Sie jetzt Ihre Kreuze unter T (trocken), N (normal) oder F (fettig) zusammen, um Ihren Hauttyp festzulegen. Wenn Sie einen Hauttyp dreimal und einen zweiten zweimal angekreuzt haben, müssen Sie im Sommer Produkte für fettige Haut und im Winter solche für trockenere Haut verwenden.

SCHRITT 2: PEELING

Nach der Reinigung sollten Sie einmal pro Woche (zweimal, wenn Ihre Haut besonders fettig ist) eine Maske oder ein Peeling einsetzen, um eine Tiefenreinigung der Haut durchzuführen und sie gleichzeitig zu pflegen. Beim Peeling werden alle Ansammlungen auf der Hautoberfläche, tote Hautzellen, Mitesser usw. entfernt. Wählen Sie eine Maske für Ihren Hauttyp, wenn Sie trockene Haut haben, oder ein für alle Hauttypen geeignetes Produkt, wenn Ihre Haut normal oder fettig ist. Wichtig ist, daß Sie die Anleitungen sorgfältig befolgen und nicht zuviel von dem Mittel verwenden.

SCHRITT 3: GESICHTSWASSER

Dies ist ein Pflegeschritt, den Frauen gerne auslassen. Wird kein Gesichtswasser oder Toner verwendet, ist dies ähnlich wie eine Kleiderwäsche ohne anschließenden Spülgang. Toner entfernen die letzten Spuren des Reinigungsmittels sowie Wasserablagerungen (z. B. Chlor) und stellen den natürlichen pH-Wert der Haut wieder her. Wählen Sie ein für Ihre Haut geeignetes Produkt, aber vermeiden Sie Gesichtswasser mit Alkohol, selbst wenn Sie fettige Haut haben.

SCHRITT 4: VERJÜNGUNG

Es gibt eine ganz neue Generation von Produkten, die unter dem Sammelbegriff Alpha Hydroxy Acids (AHAs) auf dem Markt sind und oft «sichtbare Ergebnisse», eine «verjüngende Wirkung», «jünger aussehende Haut» usw. versprechen. All diese Produkte enthalten in unterschiedlichen Prozentsätzen eine oder mehrere Säuren, die auf natürliche Weise aus Zuckerrohr, Oliven, Milch, Obst oder Wein gewonnen und bereits zu Kleopatras Zeiten eingesetzt wurden, um die Haut glatt, weich und geschmeidig zu halten.

AHAs «lösen» oder «schmelzen» die obersten toten Hautzellen von der Hornschicht der Haut, so daß frischere, jünger wirkende Haut zum Vorschein kommt. Die Vorteile einer «Verjüngungs»-Creme sind weniger Fältchen auf der Oberfläche, eine Reduzierung von Hautflecken oder «Altersflecken» und babyweiche Haut. AHAs helfen zudem, die Haut *auszugleichen,* so daß trockene Haut Feuchtigkeitscremes besser aufnehmen kann und fettige Haut weniger glänzt.

Produkte mit AHAs in geringeren Prozentsätzen sind (speziell in der Kombination mit Aloe vera) sicher in der Anwendung, sehr effektiv und verleihen tatsächlich eine schönere Haut.

SCHRITT 5: SCHUTZ

Hier geht es um die Versorgung der Haut mit Feuchtigkeitscremes, die jeder Hauttyp braucht. Eine gute Feuchtigkeitscreme verhindert nicht nur einen Feuchtigkeitsverlust, sondern reichert die Haut mit zusätzlicher Feuchtigkeit an und schützt vor den schädlichen Wirkungen der Sonne (die Creme sollte mindestens den Sonnenschutzfaktor 8 haben). Die meisten heutigen Feuchtigkeitscremes enthalten außerdem zusätzliche Sonnenfilter, die die Haut das ganze Jahr über schützen.

Trockene Haut   Wählen Sie eine Creme oder Lotion mit einer reichhaltigen Mischung an natürlichen Ölen, Feuchthaltemitteln (die Feuchtigkeit anziehen) und beruhigenden Inhaltsstoffen, die speziell auf Ihren Hauttyp abgestimmt sind. Probieren Sie das Produkt am Hals oder auf dem Handrücken aus. Lassen Sie es fünf Minuten lang einwirken. Wenn sich Ihre Haut weich und feucht (aber nicht fettig) anfühlt, ist das Produkt für Sie geeignet. Wenn Sie auf Cremes empfindlich reagieren, bitten Sie um eine Probe, die Sie ein paar Tage lang anwenden können, um sicherzugehen, daß es nicht zu allergischen Reaktionen kommt.

Normale Haut/Mischhaut   Wählen Sie Lotionen, bei denen Wasser, Aloe vera und andere leichte Inhaltsstoffe zuerst und Öle später aufgelistet werden. Sie brauchen Feuchtigkeit (Wasser) und Öl in einem ausgewogenen Verhältnis, da sich die Haut bei zuviel Öl fettig anfühlt.

Fettige Haut   Obwohl Ihre Haut zuviel Fett produziert, produziert sie nicht zuviel Feuchtigkeit. Frauen dieses Hauttyps neigen dazu, die Haut *zu stark* zu reinigen, so daß ihr das nötige Wasser *entzogen* wird. Ihr Feuchtigkeitsprodukt sollte «fettfrei» sein.

Alle Hauttypen   Eine gute Augencreme ist für alle Frauen angebracht, da das zarte Gewebe im Augenbereich nicht über Fettdrüsen verfügt. Weniger ist in diesem Fall jedoch mehr. Tragen Sie das Produkt mit sanftem Druck um die Augenhöhle herum und auf das Lid auf. Achten Sie darauf, daß Sie nicht zu sehr in Wimpernnähe geraten, da sonst Creme ins Auge gewischt werden könnte. Am besten tragen Sie dieses Pflegemittel vor dem Zubettgehen auf. Gels für die Augen sind im Gegensatz zu Augencremes besser für den Tag geeignet; sie werden wirkungsvoller absorbiert und verhindern, daß der Lidschatten fettig wird.

Dieses Pflegeprogramm für das Gesicht dauert zweimal täglich jeweils etwa drei Minuten (für das Peeling ein- oder zweimal pro Woche müssen weitere fünf Minuten hinzugerechnet werden). Wenn Sie sich an die hier gegebenen Pflegehinweise halten, werden Sie feststellen, daß Sie sich in Zukunft den teuren Besuch bei der Kosmetikerin sparen können, es sei denn, Sie wollen sich zur Abwechslung etwas Gutes gönnen!

EIN EINFACHES MAKE-UP

«Wie haben Sie das nur hingekriegt?» werden wir oft gefragt, wenn wir einer Frau zu einem besseren Aussehen verhelfen. Ich freue mich jedesmal über die Reaktionen von Zuschauern, wenn wir eine gutaussehende Frau im Publikum auswählen und ihre natürlichen Pluspunkte noch mehr zum Vorschein bringen. Doch das Ganze hat sehr wenig mit Zauberei zu tun. Wir wenden einfach ein paar narrensichere Techniken an, die Sie ebenfalls erlernen können.

Ohne Make-up bleiben attraktive Merkmale unbemerkt.

BESORGEN SIE SICH DAS RICHTIGE WERKZEUG

Wie jede gute Köchin weiß, hängt es vom richtigen Werkzeug ab, ob ein Gericht ein Erfolg wird oder einfach nur genießbar ist. Doch bei den richtigen Werkzeugen fürs Make-up kneifen Frauen häufig oder geben sich mit den albernen Utensilien zufrieden, die den Kästchen «kostenlos» beigepackt wurden.

Der Spiegel Er sollte so groß sein, daß Sie immer das ganze Gesicht sehen können. Falls nötig, sollte er einen Vergrößerungsbereich oder einen zusätzlichen Seitenspiegel haben, wenn Sie Ihr Augen-Make-up auftragen.

Schwämme Sie brauchen einen Schwamm guter Qualität zum Auftragen der Grundierung. Schwämme sollten etwa 5 mm dick sein. Probieren Sie verschiedene Formen aus, mit denen Sie in Vertiefungen (beispielsweise im Nasenbereich) gelangen können. Schwämme können auch wie ein Radiergummi eingesetzt werden, wenn Sie einen Fehler machen. Reinigen Sie sie nach jedem Gebrauch mit Shampoo.

Quaste Die Grundierung wird am besten mit losem Puder fixiert, den man vorzugsweise mit einer weichen Vcloursquaste aufträgt. Entscheiden Sie sich lieber für eine kleinere, statt für eine zu große, damit Sie den Puder gezielt auftragen können.

Pinzette Eine Pinzette mit feiner Spitze hilft Ihnen, die gewünschten Haare auszuzupfen, ohne gleich mehrere in der Nachbarschaft mitzuentfernen. Kaufen Sie Ihre Pinzette in einem guten Kosmetikfachgeschäft und nicht im Laden um die Ecke.

Wimpernformer Dieses Gerät sollte nicht als altmodisch abgelehnt werden, da es das Auge weitet und das Beste aus den Wimpern macht. Wählen Sie einen Wimpernformer mit Gummipads, und setzen Sie ihn mit Vorsicht an den Wimpern ein.

Pinsel Die bei Lidschatten und Rouge mitgelieferten Pinsel sollten nur im Notfall verwendet werden. Um professionelle Ergebnisse zu erzielen, kaufen Sie sich die hier aufgeführten Pinsel in der bestmöglichen Qualität. Naturhaare erleichtern das Auftragen und Mischen. Waschen Sie die Pinsel mindestens einmal pro

Woche in warmem Wasser und mit Shampoo, spülen Sie sie, schütteln Sie überflüssiges Wasser ab und bringen Sie sie mit den Fingern in Form. Weichen Sie Pinsel nie über längere Zeit in Wasser ein, da sich dann die Haare lösen und die Griffe lockern. Pinsel kann man bei sorgfältiger Pflege jahrelang verwenden.

Rougepinsel Wählen Sie einen Pinsel, der nicht zu steif ist (er würde Streifen hinterlassen), aber auch nicht zu weich (der Puder würde überall hinfliegen). Dichte Pinsel mit abgerundeter Spitze nehmen genau die richtige Menge Farbe auf, geben sie gleichmäßig ab und sorgen für schöne Übergänge.

Pinsel zum Auftragen von Lidschatten Dies ist der größte Pinsel, den Sie für die Augen verwenden. Wählen Sie einen dichten und flachen Pinsel, der sich dennoch weich auf der Haut anfühlt. Dieser Pinsel dient zum Setzen von Glanzlichtern und allgemein zum Auftragen von Lidschatten.

Augenkonturpinsel Dies ist ein etwas weicherer Pinsel von mittlerer Größe, der zum Auftragen von mittleren und dunkleren Lidschattentönen verwendet wird. Manchmal ist die Spitze winklig abgeschnitten und nicht abgerundet.

Lidstrich/Lippenpinsel Dies ist der kleinste und steifste Pinsel, von dem Sie mindestens zwei brauchen. Er eignet sich perfekt zum Auftragen von Lidschatten als Lidstrich sowie von Augenbrauenfarbe in Puderform und/oder von Lippenstift.

Puderpinsel Ein weicher, dichter, abgerundeter Pinsel mit kurzem Griff ist ideal, um überschüssigen Puder zu entfernen, so daß keine Übergänge sichtbar sind.

SCHRITT 1: DIE GRUNDIERUNG

Viele Frauen lassen diesen Schritt aus, weil sie das «Gefühl» einer Grundierung nicht mögen oder meinen, sie sähe wie eine Maske aus. Doch eine Grundierung hilft, den Hautton auszugleichen, sie schützt die Haut vor Schadstoffen aus der Umwelt und bietet den perfekten Hintergrund für das Auftragen eines dauerhaften, natürlich wirkenden Make-ups. Die heutigen Grundierungen sind leicht und sollten nicht sichtbar sein,

153
· · · · ·

Richtige und falsche Make-up-Töne
Hier sehen Sie, was die richtigen Farben ausmachen können. Wir haben dieselbe Schminktechnik mit unterschiedlichen Farben angewendet. Die falschen Make-up-Töne (OBEN) können Sie wie angemalt aussehen lassen, während man bei den richtigen (UNTEN) eher die Trägerin bemerkt und nicht so sehr das Make-up.

Die Wahl der richtigen Grundierung

Tupfen Sie in Frage kommende Farben entlang des Verlaufs der Kinnlinie auf. Der Farbton, der zu verschwinden scheint, ist Ihrem natürlichen Hautton am nächsten und für Sie am besten geeignet.

wenn sie richtig ausgewählt und aufgetragen werden. Nach der Grundierung verwenden Sie einen Abdeckstift – er muß dann nur in den noch dunklen oder fleckigen Bereichen angewendet werden.

So wählen Sie die richtige Grundierung Wie bei Ihrem Feuchtigkeitsprodukt sollten Sie sich von Ihrem Hauttyp leiten lassen. Bei sehr trockener Haut sind Cremes oder cremige Flüssigkeiten am besten geeignet. Bei fettiger Haut ist eine Grundierung auf Wasserbasis, Puderbasis oder ein fettfreies Produkt vorzuziehen. Bei normaler Haut kann jedes Produkt verwendet werden. Mikrofeine Pudergrundierungen decken am wenigsten ab, Cremes am meisten. Zerreiben Sie das Produkt zuerst zwischen den Fingern, und probieren Sie dann aus, wieviel Abdeckung Sie wünschen.

So wählen Sie den richtigen Ton Der ideale Ton sollte sich schön mit Ihrem *natürlichen* Hautton mischen und einen neutralen Hintergrund schaffen, auf dem Sie Ihr Make-up auftragen. Wenn der Hautton im Sommer (trotz aller Vorsichtsmaßnahmen) durch die Sonneneinwirkung dunkler wird, müssen Sie die Grundierung möglicherweise ein oder zwei Töne dunkler wählen.

Wenn Sie Probleme mit geröteten Wangen haben, die bei Ihrem Rouge und allem anderen, was Sie auf Ihr Gesicht auftragen, stören, verwenden Sie in diesen Bereichen eine zusätzliche mintfarbene Grundierung, *bevor* Sie die normale Grundierung auftragen. Bei sehr fahler Haut kann man vor der eigentlichen Grundierung eine lavendelfarbene Grundierung auftragen.

So tragen Sie die Grundierung auf Nehmen Sie Ihren Schwamm zur Hand. Wenn Sie eine leichte Abdeckung wünschen, feuchten Sie den Schwamm leicht an. Für eine tiefere Abdeckung bleibt der Schwamm trocken.

Der Hautton ist in einem rautenförmigen Bereich in der Mitte des Gesichts am ungleichmäßigsten. Tragen Sie in diesem Bereich zuerst fünf Tupfer auf und verwischen Sie die Grundierung nach außen bis zum Haaransatz und Kinn. Sparen Sie den Bereich unter den Augen aus.

SCHRITT 2: ABDECKSTIFT ODER CONCEALER

Ich verzichte bisweilen auf die Grundierung, aber nie auf meinen Abdeckstift. Mit einem Abdeckstift können fleckige Bereiche überall im Gesicht versteckt werden, aber am besten ist er für die dunklen Augenringe geeignet, die bei manchen Frauen ererbt sind und bei anderen auf Alterung, Streß, schlechte Ernährung und/oder zuwenig Schlaf zurückzuführen sind.

So wählen Sie den richtigen Abdeckstift Produkte zum Abdecken von Problemzonen gibt es in Stiftform (ähnlich wie Lippenstifte) oder als Cremeprodukte mit Applikator. Die Stifte haben normalerweise eine Fettbasis und sind gut für normale bis trockene Haut geeignet, während die Cremes sich auf der Haut sanfter anfühlen und sich leichter auftragen lassen. Eine Abdeckcreme ist einfach nur eine konzentrierte Grundierung. Es gibt helle und ziemlich dunkle Produkte.

So wählen Sie den richtigen Ton Probieren Sie einen Ton aus, der ein bis zwei Töne heller als Ihr normaler Hautton ist. Halten Sie sich an natürliche Hauttöne und vermeiden Sie Töne, die zu pinkfarben oder zu blaß sind. Je dunkler die Augenringe sind, desto «lilafarbener» wirken sie. Um das Lila auszugleichen, wählen Sie eine gelbgetönte Abdeckcreme. Bei eher «grünen» Ringen wählen Sie eine Creme, die weniger gelb, aber dafür rosiger ist.

So tragen Sie die Abdeckcreme auf Tragen Sie die Creme gezielt auf, aber hüten Sie sich davor, sie auf den gesamten Bereich unter den Augen aufzutragen. Tragen Sie sie nur auf den dunkelsten Bereich auf, indem Sie mit dem Applikator leicht tupfen und die Creme nach etwa 15 bis 20 Sekunden mit dem Ringfinger verteilen, nachdem sie von der Haut etwas «angewärmt» wurde.

Tragen Sie noch im Schwamm vorhandene Grundierung dort, wo Sie die Abdeckcreme aufgetragen haben, unter beiden Augen auf. Falls die Augenringe sehr dunkel sind, tragen Sie eventuell eine zweite Schicht Abdeckcreme auf.

Abdeckcremes verbergen auch Altersflecken und geplatzte Äderchen gut. Verwenden Sie sie bei Schönheitsfehlern nur, wenn Sie sich der medizinischen Eigenschaften des Mittels sicher sind (Näheres dazu sollte auf der Packung stehen). Tragen Sie das Produkt nur auf unversehrte Pickel auf (die also weder ausgedrückt noch durch das Peeling geöffnet wurden).

SCHRITT 3: LIDSCHATTENGRUNDIERUNG

Haben Sie sich je gefragt, warum der Lidschattenton, den Sie gekauft haben, auf dem Auge nicht genauso aussieht wie in der Packung oder, schlimmer noch, nicht auf dem Lid *haftet*? Betrachten Sie die natürliche Farbgebung Ihrer Lider. Das direkte Auftragen des Lidschattens ähnelt dem Anstreichen einer beigefarbenen Wand mit blaßrosa Farbe, wobei man sich schließlich wundert, warum das Ganze wie ein schmutziges Mauve aussieht. Eine Lidschattengrundierung wirkt wie eine Grundierung zum Ausgleichen des Hauttons, so daß die Farben den ganzen Tag über echt aussehen. Sie wirkt wie ein «Magnet», an dem der Lidschatten zuverlässig haftet.

So wählen Sie eine Lidschattengrundierung Obwohl alle Produkte auf Wasserbasis hergestellt sind, gibt es sie in verschiedenen Aufmachungen, z. B. in einer Hülse ähnlich wie Maskara (mit einem Applikator mit weicher Spitze), in Tuben oder Töpfchen. Wählen Sie das Produkt, das Sie am leichtesten anwenden können.

So wählen Sie den richtigen Ton Dies erledigt sich wahrscheinlich von selbst, da es die Grundierung nur in einem hellen, natürlichen Ton gibt.

So tragen Sie die Lidschattengrundierung auf Geben Sie eine kleine Menge auf die Spitze des Ringfingers, tupfen Sie sie auf die Lider auf, und verwischen Sie sie schnell von den Wimpern bis zu den Brauen. Lassen Sie die Grundierung ein paar Sekunden lang einziehen.

SCHRITT 4: LOSER PUDER

Wenn Sie Ihre Grundierung nicht mit Puder fixieren, wird Ihr Rouge förmlich nach Ihren Wangen «greifen», was eine recht irritierende Wirkung hat. Wenn loser Puder auf eine flüssige Grundierung aufgetragen wird, wirkt Ihr Gesicht viel weicher. Puder sind heute nicht mehr schwer und trocken. Sie sind durchscheinend und unauffällig und enthalten oft nützliche feuchtigkeitsspendende Inhaltsstoffe und Lichtreflektoren, die Sie jünger aussehen lassen. Die meisten Puder sind von ihrer Zusammensetzung her recht ähnlich.

So wählen Sie den richtigen Ton Einen völlig «durchsichtigen», also farblosen Puder gibt es nicht. Wählen Sie einen Ton, der Ihrer Grundierung/Ihrem natürlichen Hautton möglichst stark ähnelt. Ein zu heller Puder läßt Sie älter wirken, während ein zu dunkler die Haut schmutzig erscheinen läßt.

So tragen Sie den Puder auf Nehmen Sie mit einer Seite der Veloursquaste den Puder leicht auf und drücken Sie ihn dann sanft, aber dennoch fest auf das ganze Gesicht auf, wobei Sie sich auf die rautenförmige Fläche in der Mitte konzentrieren, vor allem dann, wenn Sie tagsüber eine glänzende Nase bekommen. Mit dem Puderpinsel entfernen Sie überschüssigen Puder.

SCHRITT 5: KAJALSTIFT

Mit Kajalstiften verleihen Sie Ihren Augen Tiefe und eine dramatische Wirkung.

So wählen Sie den richtigen Eyeliner Flüssiger Eyeliner wird nur wegen seiner Wirkung verwendet und ist schwierig zu handhaben, es sei denn, Sie sind Expertin. Kajalstifte sind am besten zum Betonen der Augen geeignet und geben Ihnen viele Möglichkeiten, Farben und Wirkungen zu kreieren. Tragen Sie den Lidstrich am besten auf der Lidschattengrundierung auf, *bevor* Sie den Lidschatten verwenden.

Die Wirkung ist am besten, wenn Sie immer einen angespitzten Stift verwenden. Wenn er sich zu hart anfühlt, «malen» Sie ihn etwas «weich», indem Sie mit dem Stift über den Handrücken fahren.

So wählen Sie den richtigen Ton Für einen natürlichen Look wählen Sie einen Ton, der von der Tiefe her Ihrer Haarfarbe entspricht und gut zu Ihrer Augenfarbe paßt. Brünette Frauen beispielsweise nehmen ein Schokobraun, aschblonde oder grauhaarige Frauen Anthrazit oder Marineblau, Rothaarige können einen kupferfarbenen Stift wählen und blonde Frauen ein weiches Braun/Steingrau. Weitere Farbideen finden Sie unter den empfohlenen Tönen der Farbpaletten in Kapitel 6.

So wird's gemacht Stellen Sie sich eine Linie vor, die von der Nasenwurzel zum äußeren Ende der Augenbraue führt. Dies ist die *äußere* Begrenzung Ihres Augen-Make-ups.

Halten Sie das Augenlid straff und setzen Sie die Linie an der äußeren Ecke an. Ziehen Sie die Linie etwa drei Viertel bis zur höchsten Stelle der Wimpernlinie, aber nicht über den Scheitelpunkt hinweg, da sich dieser über der Mitte des Augapfels befindet. Die Linie sollte so schmal wie möglich sein (am leichtesten läßt sie sich auftragen, wenn Sie nach unten in den Spiegel sehen, während Sie den Kopf gerade halten). Verwischen Sie die Linie leicht mit einem Wattestäbchen oder der Fingerspitze über den Scheitelpunkt hinweg in Richtung Nase.

Eine dramatischere Wirkung erzeugen Sie, wenn Sie am unteren Wimpernrand ebenfalls eine Linie ziehen. Dazu setzen Sie außen an und ziehen die Linie etwa ein Viertel des Wimpernrands entlang. So entsteht am äußeren Augenwinkel ein V.

Vergessen Sie nie, daß die Augen «eingeschlossen» werden, wenn Sie um das ganze Auge herum einen Lidstrich ziehen, so daß sie kleiner wirken würden. Die Betonung des äußeren Augenwinkels durch das oben beschriebene V weitet den Augenbereich und verleiht den Augen mehr Ausdruck.

SCHRITT 6: HIGHLIGHTER (LIDSCHATTEN ZUM AUFHELLEN)

Die blassesten Töne wie Elfenbein, Pfirsich, Zitrone und Rosa dienen zum Aufhellen der Augenbereiche, die Sie betonen wollen, beispielsweise der Bereiche unterhalb der Augenbraue, in der Mitte des Augenlids und am inneren Augenwinkel.

So wählen Sie den richtigen Highlighter Wie beim Rouge wirkt Lidschatten in Puderform am natürlichsten und läßt sich am leichtesten auftragen, speziell dann, wenn man einen guten Pinsel verwendet. Lidschatten ist auch in Cremeform in Tuben und Tiegeln oder in Lippenstiftform mit Applikator erhältlich, doch ist er dann schwieriger anzuwenden, wenn man einen natürlichen Look erreichen möchte. Meiden Sie stark perlmuttartigen Lidschatten, da er künstlich wirkt und Frauen über Dreißig älter aussehen läßt.

So wählen Sie den richtigen Ton Der Lidschatten dient dazu, Teile des Auges nach «vorn» zu bringen. Daher verwenden Sie die hellsten Töne Ihrer Palette wie Champagner, Melone, Blaßrosa, Apricot usw. (In den Farbpaletten in Kapitel 6 und im Farbanhang finden Sie weitere Hinweise.)

So tragen Sie den Lidschatten auf Mit dem Lidschattenpinsel tragen Sie den Puder auf dem gesamten Auge von den Wimpern bis zu den Augenbrauen hin auf. Dies läßt den Lidstrich weicher wirken und dient als neutralisierender Hintergrund für andere Töne. Verwenden Sie nur matte Farben.

**Stellen Sie die Schönheit Ihrer
Augen heraus**

- Hellerer Lidschatten im
  Augeninnenwinkel läßt das
  Auge offener wirken.
- Weiche Kajalstifte können
  auf Ober- und Unterlid
  angewendet werden, so daß
  die Wimpern dichter
  wirken. Verhindern Sie ein
  Verwischen des Eyeliners,
  indem Sie ihn mit
  Lidschatten «fixieren».
- Gedämpfte Braun-, Grau-,
  Marineblau- und Grüntöne
  sind zur weicheren
  Gestaltung des Brauen-
  bogens am besten geeignet.
- Das Auftragen eines helleren
  Lidschattens direkt unter-
  halb der Braue läßt das
  Augenlid leuchten.

SCHRITT 7: AKZENTFARBE

Durch Konturieren und Akzentuieren verleihen Sie
den Augen Form und Tiefe. Auf diese Weise können
Sie selbst ein schnell aufgetragenes Augen-Make-up
aufregend gestalten.

So wählen Sie das richtige Produkt Wie beim
Highlighter gilt, daß Puder am natürlichsten wirkt und
sich am leichtesten mit einem guten Pinsel auftragen
läßt. Cremelidschatten oder Lidschatten in Tuben-
oder Stiftform sind schwieriger aufzutragen und wirken nur selten natürlich.

So wählen Sie die richtige Konturenfarbe In Ihrer
Farbpalette für Kosmetika gibt es neutrale Töne von
mittlerer Tiefe, die Sie zum Konturieren verwenden
können, beispielsweise Kakao, Steingrau, warmes oder
gedecktes Grau. Sparen Sie sich bunte Farben wie
Grün, Blau und Violett für strategische Wirkungen
auf, um beispielsweise einen Farbklecks auf die Lid-
mitte zu setzen oder um dem Lidstrich eine geheimnis-
vollere Wirkung zu verleihen.

So tragen Sie die Konturenfarbe auf Schauen Sie in
den Spiegel, um festzustellen, wo Ihr Auge am stärksten hervorspringt. Bei den meisten Menschen ist dies
der fleischige Bereich am Oberrand der Augenhöhle,
der sogar auf das Lid herabreichen kann. Dieser Bereich sollte konturiert werden.

Tragen Sie die Konturenfarbe bei offenem Auge
auf, wobei die Haut nicht gestrafft wird. Mit dem Au-
genkonturenpinsel streichen Sie über den Lidschatten
und klopfen überschüssigen Puder auf dem Handrük-
ken ab. Beginnen Sie knapp innerhalb der äußeren
Begrenzung (die in Schritt 5 beschrieben wurde) und
fahren Sie mit dem Pinsel nur über den am stärksten
hervorstehenden Bereich.

Gehen Sie jetzt erneut über den Bereich und verwischen Sie alle Ränder mit dem Pinsel oder der Fingerspitze, so daß es oben und unten keine offensichtlichen
Übergänge gibt.

Verbinden Sie die Konturenfarbe mit dem Wimpernrand durch ein «Dreieck», das auf natürliche Weise
vom Oberrand der Augenhöhle und dem Wimpern-

rand gebildet wird. Je weiter der Augenhöhlenrand vom Wimpernrand entfernt ist, desto größer ist das Dreieck. Verblenden Sie erneut alle Ränder.

Weiche, neutrale Töne verleihen Ihren Augen mehr Form, als sie normalerweise haben. Wenn der Oberrand der Augenhöhle stark ausgeprägt ist und im natürlichen Zustand wulstig wirkt, können Sie die Wirkung dieses Bereichs abschwächen, indem Sie einen neutralen Ton mittlerer Intensität leicht auftragen, und dadurch dem Auge mehr Tiefe verleihen.

SCHRITT 8: TRICKS ZUM DEFINIEREN DES AUGES

Treten Sie jetzt einen Schritt zurück, um festzustellen, ob irgendein Bereich des Auges stärker hervorgehoben werden sollte. Dazu können Sie mit etwas Lidschatten über den Lidstrich fahren (was die Farbe vertieft und ein Verwischen verhindert) oder das Dreieck durch eine sattere Farbe betonen. Wenn Sie beispielsweise Kakao als Konturenfarbe gewählt haben, können Sie Aubergine oder ein sattes, neutrales Braun zur Definition verwenden; ein weiches Grau als Konturenfarbe kann durch Marineblau betont werden. Ein weiches Camel oder Salbeigrün wird durch ein dunkles Olivgrün hervorgehoben.

SCHRITT 9: AUGENBRAUENFARBE

Wenn Sie die Augenbrauen bei Ihrem Augen-Make-up nicht miteinbeziehen, wirken Ihre Augen wie ein Bild ohne Rahmen. Die Braue sollte klar definiert und sauber umrissen sein und die Form des Auges betonen. Eine natürliche Brauenform ist am besten und wirkt an *echten Menschen* trotz aller Launen der Mode immer richtig. Zupfen Sie einzelne Härchen, die nichts zur Gesamtwirkung beitragen oder den Brauen eine nach unten gerichtete Form verleihen, die Sie traurig aussehen läßt, mit der Pinzette aus.

So finden Sie die richtige Augenbrauenfarbe Augenbrauenfarbe in Cake- oder Puderform läßt sich am leichtesten auftragen, aber auch viele Lidschatten in Naturtönen können zu diesem Zweck verwendet werden. Augenbrauenstifte oder Kajalstifte sind ebenfalls geeignet.

So finden Sie den richtigen Ton Wählen Sie einen Ton, der nach Möglichkeit Ihrer Haarfarbe entspricht. Wenn Sie sehr blond oder grauhaarig sind, sollten Sie einen um ein bis zwei Nuancen dunkleren Ton wählen. Wenn Sie dagegen sehr dunkles Haar besitzen, können Sie einen etwas helleren Ton wählen, so daß die Wirkung weicher ist.

So tragen Sie die Augenbrauenfarbe auf Mit fedrigen Strichen fahren Sie über die Augenbraue zum äußeren Rand, gehen aber nicht über die unter Schritt 6 beschriebenen Grenzen hinaus. Jetzt fahren Sie mit ähnlichen Strichen gegen die Wuchsrichtung. Schließlich bürsten Sie die Brauen mit einem kleinen Kamm oder einer Brauenbürste nach oben und außen. Bei sehr störrischen Brauen geben Sie etwas Haargel auf den Brauenkamm, um sie zu bändigen.

SCHRITT 10: MASKARA

Maskara ist ein cremiges Mittel, das die Wimpern verlängert und dunkler macht.

So wählen Sie das richtige Maskara Die Wahl des Maskaras hängt von zwei Dingen ab: von Ihren Wimpern und Ihrem Lebensstil. Es gibt Wimperntusche, die die Wimpern verstärkt, verlängert, aufbaut (eine Kombination aus den beiden ersten Eigenschaften) und wasserdicht ist. Im allgemeinen ist eine wasserbeständige Tusche, die die Wimpern aufbaut, am besten. Wenn Sie ein aktives Leben führen und eine Wimperntusche brauchen, die auch nach mehreren Tauchgängen im Schwimmbad noch haftet, mag ein wasserfestes Maskara für Sie besser geeignet sein. Es bereitet allerdings etwas Mühe, es wieder vollständig zu entfernen.

So wählen Sie den richtigen Ton Richten Sie sich nach Ihrer Haarfarbe. Ziehen Sie andere Farben in Betracht, die die Wimpern betonen, aber nicht absonderlich wirken, etwa Marineblau bei grauem oder blondem Haar (kein Hellblau), Aubergine bei brünetten Frauen oder Bronze bei Rothaarigen.

So tragen Sie das Maskara auf Am besten wird es mit langsamen, wackelnden Bewegungen vom Ansatz bis zum Ende der Wimpern aufgetragen. Konzentrieren Sie die Farbe auf die äußere Hälfte, um die Augen zu «weiten». Damit die Wimpern sehr dicht werden, wiederholen Sie die Prozedur zweimal hintereinander, ohne die Tusche zwischendurch trocknen zu lassen. Wenn Sie das Maskara mit offenem Mund auftragen, zielen Sie besser!

Drehen Sie die Bürste senkrecht, um die winzigen Wimpern am Unterlid zu erreichen. Eine Schicht reicht hier aus, speziell dann, wenn Sie die Dreißig überschritten haben.

SCHRITT 11: ROUGE

Rouge sollte nicht wie zwei Punkte mitten auf den Wangen oder wie «Apfelbäckchen» bzw. Streifen über den Wangenknochen wirken. Wenn Sie die passende Farbe in der richtigen Intensität korrekt anwenden, sollte das Rouge Ihrer Haut einen gesunden, natürlichen Glanz verleihen. Tragen Sie es nach dem Lidschatten auf, so daß es von der Intensität her der Farbe und Wirkung Ihrer Augen entspricht.

So wählen Sie das richtige Rouge Puderrouge wirkt am natürlichsten und läßt sich am leichtesten auftragen. Rouge gibt es auch in Cremeform, als Mousse und als Gel. Es muß dann mit dem Finger aufgetragen werden und ist schwieriger zu handhaben.

So wählen Sie den richtigen Ton An dieser Stelle ist es besonders wichtig, den eigenen jahreszeitlichen Typ zu kennen. Für jede Color-Me-Beautiful-Jahreszeit gibt es Richtlinien für die dekorativen Kosmetika (auf den Seiten 112–123 finden Sie Vorschläge). Denken Sie daran, daß Ihre neutralsten oder natürlichsten Töne ein guter Ausgangspunkt sind. Wenn Sie mehr Selbstvertrauen entwickelt haben, können Sie sich an andere Töne wagen. Alle Frauen brauchen ein dunkleres Rouge für den Abend (einfach, um gesund auszusehen!).

Betrachten Sie Rouge, Lidschatten und Lippenstifte als Farbkollektionen. Sie sollten zueinander passen – verwenden Sie also kein braunes Rouge zusammen mit einem rosafarbenen Lippenstift und blauem Lidschatten! In den speziell zusammengestellten Make-up-Farbtabellen von *COLOR ME BEAUTIFUL* finden Sie Vorschläge.

So tragen Sie das Rouge richtig auf   Es gibt ein paar einfache Regeln.

Das sollten Sie unterlassen   Tragen Sie das Rouge nicht zu sehr in Augennähe auf, da es Falten betont und den Augenbereich aufgedunsen wirken läßt.

Das sollten Sie unterlassen   Tragen Sie es nicht zu sehr in Nasennähe auf, da Sie dann wie ein «pausbäckiger Engel» wirken.

Das sollten Sie unterlassen   Tragen Sie es nicht zu stark im unteren Wangenbereich oder in einem zu großen Bereich auf, da dies das Gesicht schwer und fiebrig wirken läßt.

So ist es richtig   Fahren Sie mit dem Pinsel ein-, zweimal leicht über das Rouge und klopfen Sie überschüssigen Puder vor dem Auftrag auf dem Handrücken ab. Denken Sie daran, daß sich Farbe durch einen zweiten Auftrag leichter aufbauen läßt, während es schwierig ist, eine zu leuchtende oder zu starke Farbe wieder abzutönen.

So ist es richtig   Tragen Sie das Rouge am unteren Rand des Wangenknochens auf (nicht darüber). Tasten Sie den Knochen mit den Fingern ab. Beginnen Sie an dem Punkt, der sich direkt unterhalb der Außenseite der Iris befindet, aber nicht unterhalb der Kerbe über den Lippen (dort, wo die Gesichtshälften zusammentreffen). Lassen Sie das Rouge zum Haaransatz hin harmonisch auslaufen.

So ist es richtig   Nach dem ersten Auftrag verwischen Sie das Rouge nach oben (zum oberen Rand des Wangenknochens) und nach außen. Es sollten keine klar umrissenen Ränder sichtbar sein.

Wenn Ihr Gesicht sehr rund oder sehr schmal und lang ist, tragen Sie Rouge in einem etwas anderen Winkel auf.

Tragen Sie Rouge mit nach oben gerichteten Pinselstrichen vom Wangenknochen bis zur Schläfe hin auf.

161
· · · · ·

VERLÄNGERUNGSTIPS FÜR VOLLE GESICHTER

- **Gestalten Sie die Augenbrauen bogenförmig** Definieren Sie die Brauen von oben, nicht von unten. Zupfen Sie einzelne Härchen unter den Brauen aus. Betonen Sie den natürlichen Bogen mit gedeckten Lidschatten, die der Brauenfarbe entsprechen oder etwas heller sind.

- **Kreatives Rouge** Wählen Sie eine natürliche Rougefarbe (in einem Braun, das die eigene Farbgebung ergänzt, in Rosa, Pfirsich oder Zimt) und tragen Sie das Rouge von den Schläfen nach unten an der Gesichtsseite auf, so daß es weich unter dem Wangenknochen endet – aber tragen Sie es nicht bis zum Kinn auf. Vermeiden Sie einen offensichtlichen Farb-«Streifen»; weiche Übergänge sind am besten. Drücken Sie jetzt ein helleres oder leuchtenderes Rouge (aus Ihrer Farbpalette) direkt auf den am stärksten hervortretenden Bereich des Wangenknochens auf.

- **Doppelkinn** Halten Sie das Kinn mit transparentem Puder hell und «negieren» Sie das Kinn darunter mit dunklem Rouge, Konturenpuder oder Bronzing Powder. Pudern Sie es leicht und vermeiden Sie offensichtliche, voneinander abgesetzte helle oder dunkle Bereiche, indem Sie die Übergänge verwischen.

Tragen Sie unter dem Kinn ein weiches, braunes Rouge oder eine Abdeckcreme auf, um die Wirkung eines Doppelkinns zu mildern.

- **Für schmalere Wangen** Tragen Sie Konturenpuder (wieder ein gedecktes, braunes Rouge oder einen Bronzing Powder) dort auf, wo unterhalb der Wangenknochen eigentlich eine Einbuchtung vorhanden sein sollte. Tragen Sie den Puder bis hinunter zum Kinn auf. Überprüfen Sie die Seitenansicht im Spiegel, um sicherzugehen, daß alle Übergänge gut verwischt sind und kein sichtbarer Streifen vorhanden ist.

  Hellen Sie jetzt den äußeren Augenbereich und die Schläfen mit einem sehr hellen Rouge auf. So wird die Aufmerksamkeit auf die Augen gelenkt, während das dunklere Rouge darunter die Wangen schmaler wirken läßt. Verwenden Sie ein helleres, leuchtenderes Rouge auf dem am deutlichsten hervorstehenden Wangenbereich und entlang des Wangenknochens.

- **Üppige Lippen** Volle Lippen sind ein Pluspunkt, doch wenn Ihre Lippen allzu voll sind, setzen Sie mit dem Konturenstift *innerhalb* der Lippenränder die Kontur und verwenden Sie matte Lippenstifte in mittleren oder dunkleren Tönen. Vermeiden Sie Lipgloss.

Ihr Ziel ist es, ein rundes Gesicht eckiger wirken zu lassen, während Sie ein längliches Gesicht weicher gestalten wollen, statt die runde oder schmale Form nachzuahmen und so zu betonen.

SCHRITT 12: LIPPENKONTURENSTIFT

Mit zunehmendem Alter verlieren die Lippen ihre klar umrissene Form. Manche Menschen haben außerdem ungleichmäßig geformte Lippen, die zu groß, zu klein oder an einer Seite stärker ausgeprägt sind. Lippenkonturenstifte können helfen, die Lippen unabhängig von ihrer Form auszugleichen. Sie helfen auch, das «Verwischen» oder «Ausbluten» des Lippenstifts zu vermeiden.

So wählen Sie den richtigen Lippenkonturenstift Er sollte cremig, aber nicht weich sein. Wie der Kajalstift sollte er immer gut angespitzt sein.

So wählen Sie den richtigen Ton Er sollte zum Lippenstift passen. Wählen Sie denselben Ton oder einen Stift, der einen Ton dunkler ist, wenn Sie ihn zum Definieren der Lippen verwenden. Mit Lippenkonturenstiften können Sie auch andere Farben mit Ihren Lippenstiften kreieren. Wählen Sie für den Anfang einen natürlichen Ton, der entweder Ihrer Lippenfarbe oder der Farbe der Lippeninnenseite entspricht.

So tragen Sie den Lippenkonturenstift richtig auf
1. *Bei gleichmäßig geformten Lippen* tragen Sie die Linie entlang der Lippenlinie auf.
2. *Bei schmalen Lippen* tragen Sie die Linie mit dem Lippenkonturenstift entlang der Außenkante der Lippenlinie auf.
3. *Bei vollen Lippen* tragen Sie die Linie direkt innerhalb der natürlichen Lippenlinie auf und «kritzeln» über den vollsten Lippenbereich.
4. *Bei ungleichmäßig geformten Lippen* (eine Lippe oder eine Seite derselben Lippe ist schmal, die andere voll) kombinieren Sie die Schritte 1 und 2.

163
.....

SCHRITT 13: LIPPENSTIFT

Dieses Schönheitsprodukt gehört zur Grundausrüstung jeder Frau und läßt das Gesicht sofort leuchten. Viele Frauen verfügen über ein ganzes Sortiment an Lippenstiften, andere nur über ein oder zwei Lieblingsstücke.

So wählen Sie den richtigen Lippenstift Persönliche Vorlieben spielen eine Rolle, da es von sehr cremigen Stiften (die von Frauen mit trockenen Lippen bevorzugt verwendet werden) bis hin zu ganz trockenen matten Stiften alles gibt; sämtliche Sorten sind in Perlmutt- und in matten Tönen erhältlich. Je lebhafter oder blauroter der Ton ist, desto matter und haltbarer ist die Farbe. Ältere Frauen sollten keine Perlmuttfarben tragen, da diese älter machen können.

So wählen Sie den richtigen Ton Wählen Sie passend zu Ihrer Garderobe einen Ton aus Ihrer Palette. Neutrale Grundfarben sind für jeden Typ im Farbanhang auf den Seiten 181–187 aufgeführt.

Wenn Sie vor dem Auftragen des Lippenstifts eine Lippengrundierung und/oder einen Lippenkonturenstift zum Konturieren und Ausfüllen der Lippen verwenden, hält der Farbton stundenlang.

So tragen Sie den Lippenstift auf Tragen Sie die Farbe nicht direkt mit dem Stift auf (es sei denn, es handelt sich um einen Notfall), sondern verwenden Sie einen Lippenpinsel. Eine zuvor aufgetragene Lippengrundierung (Lip Base) macht den Lippenstift haltbarer und verleiht Ihren Lippen ein perfektes Aussehen.

Fahren Sie mit dem Pinsel mehrmals über den Lippenstift und malen Sie die Lippen dann mit kurzen, senkrechten Strichen nach oben und unten innerhalb der Linien des Lippenkonturenstifts aus.

Wenn Sie die Lippenoberfläche ausgefüllt haben, verwenden Sie die noch im Pinsel verbliebene Farbe, um den Übergang zu glätten. Gehen Sie jedoch nicht über die Grenzen des Lippenkonturenstiftes hinaus, sondern schaffen Sie einen leichten Übergang.

Dies ist also Ihr tägliches Grund-Make-up. Wahrscheinlich hat es ein paar Minuten gedauert, die Anleitungen zu lesen. Es wird etwa 20 Minuten dauern, die einzelnen Schritte zu erlernen. Doch zum *Auftragen* des Make-ups werden Sie höchstens zehn Minuten brauchen. Falls Sie hin und wieder nicht einmal zehn Minuten Zeit haben, tun Sie zumindest das Notwendigste – benützen Sie den Abdeckstift (falls nötig), tragen Sie die Pudergrundierung sowie etwas Rouge, Maskara und Lippenstift auf, und schon sind Sie bereit, der Welt entgegenzutreten.

NAGELPFLEGE

Jede ausdrucksstarke Frau, die beim Sprechen viele Gesten einsetzt, sollte wissen, daß ihre Hände wesentlicher Bestandteil ihres Images sind. Wenn eine Frau ein schönes Make-up trägt, aber unansehnliche, nicht manikürte Nägel hat, sendet sie zwiespältige Signale aus.

Für vielbeschäftigte Frauen mit vollem Terminkalender sind lange oder künstliche Krallen unrealistisch, wenn man die nötige Pflege in Betracht zieht, um diesen Zustand zu bewahren. Es ist eigentlich nur nötig, die Nägel kurz bis mittellang zu halten und sie durch die regelmäßige Verwendung einer Nagelhaut- und

Handcreme zu pflegen. Die Form der Fingernägel sollte der Form der Fingerspitzen entsprechen. Weichen Sie Ihre Nägel immer erst ein, bevor Sie die Nagelhaut entfernen. Wenn Ihre Nägel zu Unebenheiten und Trockenheit neigen, massieren Sie etwas Olivenöl ein, das Sie über Nacht einwirken lassen. Die besten Farben für den Nagellack sind neutrale Töne, die zu allem passen (also ein farbloser oder blasser Ton), oder eine Farbe, die zu Ihrem Lieblingslippenstift paßt.

Für Frauen, die immer die ganze Aufmerksamkeit auf sich lenken wollen, sind längere, kräftigere und farbigere Nägel jederzeit angebracht. Stellen Sie sich eine Frau mit schön manikürten Nägeln vor und überlegen Sie, wie wichtig sie für ihr Image sind. Sie sind praktisch das *Wichtigste* an ihr! Dank der Wunder der modernen Wissenschaft können alle Frauen tolle Nägel haben, selbst wenn sie nicht von Natur aus damit gesegnet sind. Sie benötigen nur etwas Zeit und Geld für das örtliche Nagelstudio und sollten sich weigern, in Zukunft noch ein einziges Mal Unkraut zu jäten oder von Hand abzuspülen! Grundsätzlich sollten Sie nie mit eingerissenen oder abgebrochenen Nägeln aus dem Haus gehen und immer eine Sandblattnagelfeile für den Notfall in die Handtasche stecken.

Bei sehr trockener Haut cremen Sie die Hände abends dick mit Vaseline ein und tragen zum Schlafen Baumwollhandschuhe. Das ist zwar gewöhnungsbedürftig, doch die Kombination aus Wärme und Vaseline ergibt babyweiche Hände.

DIE HAARPFLEGE

Alle Frauen sind mit ihrem Haar unzufrieden. Wenn es doch nur anders wäre. . . länger, voller, lockiger, glatter, heller, dunkler, glänzender usw. Mit den heute erhältlichen Produkten können alle Frauen ihre Naturmähne ganz nach Wunsch verändern. Dazu ist erst einmal die Einschätzung der eigenen Merkmale – Gesichtsform, Haarstruktur und Farbe – und des Lebensstils nötig, das heißt, wieviel Zeit man für die Pflege der Haarpracht aufbringen möchte. Ein weiterer wichtiger Faktor ist der Friseur, den man regelmäßig aufsucht.

DIE GESICHTSFORM
Es folgen ein paar einfache Tips für die Wahl der besten Frisur.
Ovale Gesichter Hier bieten sich bei der Frisur endlose Möglichkeiten, die nur von der Haarstruktur und der Zeit, die man für die Pflege aufwenden will, eingeschränkt werden.
Runde Gesichter Vermeiden Sie flotte Pagenköpfe oder Rundhaarschnitte, die die Formen des runden Gesichts einfach wiederholen. Wählen Sie lieber einen etwas eckigeren Schnitt, um Ihr rundliches Gesicht einzurahmen. Lockiges oder gerades Haar sollte so geschnitten werden, daß es ein rundes Gesicht wirkungsvoll ergänzt.
Das längliche Gesicht Ein langes Gesicht wirkt mit langem, gerade herabhängendem Haar traurig, müde und älter. Schaffen Sie einen Ausgleich, indem Sie Ihr Ge-

Bringen Sie Ihre Gesichtsform vorteilhaft zur Geltung
Flach anliegendes Haar ist für ein längliches Gesicht nicht geeignet. Diese Gesichtsform wirkt mit kürzeren, volleren Frisuren immer ausgewogener.

sicht mit einer kürzeren, volleren Frisur «aufbrechen». Wenn Gesicht und Hals lang sind, wählen Sie eine mittellange Frisur (so daß die Länge des Halses weniger auffällt), aber tragen Sie zusätzlich einen weichen Pony, oder lassen Sie beispielsweise ein paar Strähnen an der Seite herabhängen.

Das quadratische Gesicht   Ein kurzes und breites Gesicht wird unter einer langen, vollen Frisur begraben. Am besten wählen Sie einen Schnitt, der nicht am Kinn endet und an den Seiten stufig geschnitten ist. Sie brauchen oben am Kopf etwas mehr Fülle. Daher sind kürzere Frisuren, die oben stufig geschnitten sind, für Sie besonders gut geeignet.

Alle Gesichtsformen   Betrachten Sie die Wirkung einer neuen Frisur von vorne, von den Seiten und von hinten. Eine Frisur, die Ihr Gesicht von vorn perfekt einzurahmen scheint, kann Ihren Hals von der Seite viel zu kurz wirken lassen. Wenn Ihnen ein Doppelkinn oder ein breiter Hals Probleme bereitet, steht Ihnen eine Frisur, die das Gesicht hebt, das heißt eine kurze, stufig geschnittene Frisur oder langes Haar, das hochgenommen wird, viel besser als ein Bubikopf, der in Ihrer Gefahrenzone endet.

TIPS FÜR HAARTÖNUNGEN

Wenn Sie mit einer Tönung eine neue Wirkung erzielen wollen, ist es angebracht, sich von einem Fachmann beraten zu lassen, der auf die neuesten Techniken spezialisiert ist und Produkte verwendet, die auf Ihre Haarstruktur abgestimmt sind.

Die neuen Kolorationen verleihen dem Haar nicht nur Farbe, sondern auch Glanz und Pflege, und sie können eine Struktur und Farbtiefe schaffen, die Sie nicht für möglich gehalten hätten. Noch nie war das Haarefärben so einfach, ja, es ist fast narrensicher, wenn Sie sich an die Anleitungen halten.

Auswaschbare Tönungen   Am schnellsten und einfachsten anzuwenden sind auswaschbare Tönungen, die einfach in das Haar einschamponiert werden. Große Farbmoleküle decken nur die Außenschicht und Haarkutikula ab. Die Farbe verschwindet nach einer bis sechs Haarwäschen wieder.

**So bringen Sie Ihre Locken
vorteilhaft zur Geltung**
Eine Dauerwelle kann
leblosem, feinem Haar mehr
Volumen verleihen, aber
achten Sie darauf, daß die
Frisur vorteilhaft für Sie ist
(RECHTS). Eine volle, krause,
formlose Dauerwelle läßt Ihr
Gesicht schwerer und um
Jahre älter erscheinen (LINKS).

Farbfestiger   Bei diesen Produkten ist eine vorübergehende Tönung, die mit der nächsten Haarwäsche
ausgewaschen wird, mit einem starken Festiger kombiniert, so daß Sie Ihr Haar leicht in die gewünschte
Form bringen können. Toll für eine heiße Party am
Samstagabend!

Halbpermanente Tönungen   Diese Produkte können
dem Haar nur einen satteren oder dunkleren Ton verleihen, es aber nicht heller machen. Farbmoleküle dringen durch die Haarkutikula ein und decken die Au
ßenseite der Haarrinde (der inneren Haarschicht) ab.
Solche Tönungen können bis zu zwölf Haarwäschen
überstehen.

Länger   vorhaltende   halbpermanente   Tönungen
Diese sind wie die eben beschriebenen Produkte nur
für dunkles Haar geeignet, überstehen aber zwölf bis
zwanzig Haarwäschen. Die Farbe wird schließlich blasser, so daß man nicht wie bei permanenten Kolorationen auf das nachwachsende Haar achten muß. Diese
Produkte sind stärker; wenn Sie also eine frische Dauerwelle haben, sollten Sie einige Wochen warten, bevor
Sie eine solche Tönung ausprobieren. Diese Tönungen
sind gut für graues Haar geeignet, wenn Sie etwa
50 Prozent des grauen Haars dunkler tönen wollen.

Permanente Kolorationen   Sie hellen Haar auf, machen es dunkler oder decken Grau ab. Die Farbe läßt
sich nicht auswaschen und wird nicht sehr viel blasser,
sondern muß herauswachsen. Der Haaransatz muß alle
sechs Wochen eingefärbt werden, doch dabei darf das

vorher behandelte Haar nicht wieder gefärbt werden, da es sonst zu einem unregelmäßigen Farbbild kommt. Ziehen Sie eine Koloration nur in Betracht, wenn Sie sich in bezug auf Farbe und gewünschte Wirkung ganz sicher sind.

DIE WAHL DER RICHTIGEN FARBE

Richten Sie sich nach Ihrer natürlichen Farbgebung, wenn Sie eine Verbesserung Ihrer Haarfarbe beabsichtigen. Am besten entfernen Sie sich nicht allzu weit von Ihrer natürlichen Haarfarbe, egal, ob Sie sich helleres oder dunkleres Haar wünschen.

Blondes Haar　Wählen Sie die zum Unterton Ihrer Haut passende Farbe. Wenn Sie einen warmen Hautton haben, sind goldene Strähnchen vorteilhafter für Sie als aschblonde. Bei einem neutralen, beigefarbenen Hautton wirken aschblonde Strähnchen eleganter.

Mausbraunes Haar　Strähnchen oder eine kastanienrote, nicht zu dunkle Farbspülung ist ideal für Sie. Wählen Sie kein zu dunkles Braun oder Kastanienbraun.

Mittelbraunes Haar　Überlegen Sie es sich zweimal, bevor Sie sich Strähnchen machen lassen. Wenn die Farbe zu hell ist, wirken Sie älter. Wahrscheinlich ist es besser, Ihrem Haar mit einer halbpermanenten Tönung Glanz und Tiefe zu verleihen.

Dunkelbraunes Haar　Vermeiden Sie es, Ihr Haar zu «schwärzen». Es ist besser, es mit einer dunklen kastanienroten oder kastanienbraunen Tönung zu betonen.

Rotes Haar　Wenn Sie blaue Augen und eine sehr blasse Haut haben, sind goldene Strähnchen oder eine rötliche Farbspülung eine schöne Möglichkeit. Wenn Ihre Haut und Ihre Augen einen kräftigeren Ton haben, können Sie einen rötlicheren oder stärker kastanienbraunen Ton wählen, aber kein Blond.

Graues Haar　Bewerten Sie den Grauton Ihres Haars ehrlich. Wenn er eher an Spülwasser erinnert, sieht Ihr Haar wahrscheinlich besser aus, wenn es einen Ton heller als Ihre ursprüngliche Farbe getönt wird. Wenn Sie stark graumeliert sind oder perlgraues Haar haben, könnten Sie es einfach in seinem Naturzustand belassen, statt sich ständig mit dem Nachfärben des Haaransatzes zu belasten. Viele blonde Frauen, die ergrauen, sollten vorhandene Strähnchen einfach herauswachsen lassen und einsehen, daß ihre eigenen neuen naturgrauen Strähnchen genauso hübsch wirken wie die aus der Flasche.

KAPITEL 9

Fit – nicht fett

Ich habe mir meine Predigt bis zum Schluß aufbewahrt. Alle meine Bücher enthalten ein Kapitel zum Thema Fitneß, weil ich selbst ein Fitneßfreak bin, und zwar sowohl aus Gesundheits- als auch aus Imagegründen. Ich habe zwei Töchter und möchte möglichst lange leben, um sie und meine Enkel zu genießen. Außerdem möchte ich an ihrem aktiven Leben teilnehmen können, und ich habe nicht vor, ihnen aufgrund von Erkrankungen im Alter mehr als nötig zur Last zu fallen.

Fitneß hat nicht nur mit Gesundheit zu tun, sondern ist auch für die Karriere wichtig – sie kann Ihre Möglichkeiten, einen Job zu finden und befördert zu werden, stark beeinflussen. Doch bevor Sie jetzt das Buch zuschlagen, weil Sie Angst haben, wegen Ihres Übergewichts belehrt zu werden, sollten Sie zuerst lesen, was ich unter «fit» verstehe. Ein fitter Mensch hat Energie, Lebenskraft, Schwung und kann einen Beitrag leisten – ohne Einschränkungen. Die Untersuchungen, die wir für die *Image-Guide*-Bücher angestellt haben, bestätigten, daß große Firmen Kandidaten auswählen, die «fit und gesund» sind. Damit steht die Fitneß bei einem Einstellungsgespräch nach einem schicken Outfit und dem richtigen Erscheinungsbild an zweiter Stelle. Fitneß ist also gut für Ihre Karriere, Ihre Gesundheit *und* Ihre Selbstachtung.

Jaja, ich weiß. Viele Frauen mit etwas fülligerer Figur sind genauso fit, wenn nicht sogar fitter als viele schlankere Frauen. Ich spreche hier also nicht von diesen wunderbaren Amazonen, sondern von denjenigen, die ständig auf der Couch herumhängen, egal, ob sie Größe 36, 46 oder 56 tragen. Sie wissen schon, wen ich meine. Ja, genau die Frauen, die sich immer für den Aufzug entscheiden und alle, die die Treppe benutzen, für verrückt halten. Diese Frauen vergleichen nie die Brennstoff- oder Kalorienzufuhr durch Nahrungsmittel mit der Energie, die sie täglich verbrennen. Sie machen ihre Gene, ihr stressiges Leben und eine Reihe anderer fadenscheiniger Gründe für ihre Lethargie und für den Umfang Ihrer Oberschenkel verantwortlich, statt zu akzeptieren, daß sie – und nur sie allein – für ihre Fitneß selbst verantwortlich sind.

WIE FIT SIND SIE?
Beantworten Sie bitte folgende Fragen:
- Können Sie eine Treppe über zwei Stockwerke in gleichmäßigem Tempo hinaufgehen, ohne außer Atem zu geraten?

- Können Sie sich morgens in 15 Minuten fertigmachen?
- Können Sie in einer Disko bis zu 20 Minuten ohne Pause tanzen?
- Leiden Sie nach dem Mittagessen unter Völlegefühl?
- Legen Sie sich ab und zu auf den Boden, um ein paar Lockerungsübungen zu machen?
- Wenn Sie auf dem Boden sitzen, können Sie dann aufstehen, ohne sich an irgend etwas oder irgend jemandem festzuhalten?
- Empfinden Sie einen Spaziergang an einem Sandstrand als mühsam?
- Können Sie sich aus dem Swimmingpool hochziehen, ohne die Leiter zu benutzen?
- Wissen Sie, wieviel Sie essen dürfen, ohne zuzunehmen?
- Überprüfen Sie Ihre Eßgewohnheiten hin und wieder, um sich besser zu fühlen?
- Brauchen Sie viel Schlaf, und haben Sie das Gefühl, mangelnden Schlaf durch zusätzliche Ruhe am Wochenende wettmachen zu müssen?

Wenn Sie bei einer dieser Fragen gedacht haben, daß Sie eigentlich in der Lage sein sollten, diese Dinge zu tun, ist es an der Zeit, Ihre Fitneß zu verbessern. Sie werden dann weniger an Ihr Gewicht denken und sich aktiver fühlen.

EINE DIÄT IST KEIN ALLHEILMITTEL

Unser Gewicht unterliegt nicht hundertprozentig unserer Kontrolle, und Sie sollten aufhören, sich bei Diäten als «Versager» zu fühlen. Neuere Untersuchungen haben bewiesen, daß unsere Gene zum größten Teil für unsere Körperform und in einem gewissen Maß auch für unser Körperfett verantwortlich sind. Auch unser Stoffwechsel ist ein Erbfaktor. Wie sehen Ihre Eltern, Tanten und Onkel aus? Erinnert Ihre Figur an die von Tante Agathe? Nur weil Sie Agathes Bauch geerbt haben, ist dies keine Entschuldigung dafür, Ihren Körper nicht fit und straff zu halten. Wahrscheinlich werden Sie aufgrund Ihrer genetischen Neigung nie eine Sanduhrfigur haben, aber Sie *können* für eine schmale und straffe Taille sorgen und beweisen, daß Sie als Frau Ihren Körper unter Kontrolle haben.

Die genetische Neigung, Fett anzusetzen, kann noch verschlimmert werden, wenn Sie früher des öfteren übertriebene Schlankheitskuren gemacht haben, da starke Gewichtsabnahmen die Stoffwechselfunktionen grundsätzlich reduzieren. Der Stoffwechsel hat die Aufgabe, Nahrung in Energie umzuwandeln, die der Körper dann verbraucht. Bei einer Diät brauchen Sie weniger Kalorien zum Leben. Wenn Sie also wieder normal oder – schlimmer noch – mehr essen, um den Gewichtsverlust zu feiern, nehmen Sie schneller als zuvor wieder zu. Biochemische Veränderungen im Körper durch zyklische Diäten steigern den Prozentsatz der Kalorien, die als Fett gespeichert werden.

Es überrascht daher nicht, daß die meisten Untersuchungen zeigen, daß von 100 Menschen, die abnehmen, etwa 95 die abgenommenen Pfunde wieder zunehmen. Eine erfolgreiche Diät wird definiert als das Erreichen des idealen Körper-

gewichts, das dann für fünf Jahre beibehalten wird – ähnlich wie bei einer völligen Genesung nach einer Krebserkrankung. Wie sehen Ihre Erfolge bei kontrollierter Nahrungsaufnahme aus? Wie lange hielt ein guter Gewichtsverlust vor, wenn Sie sich beim Abnehmen allein aufs Essen konzentriert haben? Gewichtsverlust und die Beibehaltung des neuen Gewichts ist nur möglich durch eine Kombination aus vernünftiger Ernährung *(nicht Diät)* und körperlicher Betätigung.

DAS KÖRPERFETT IST SCHULD

Das Verhältnis von Körperfett und Muskeln ist der Schlüssel für Vitalität und Gesundheit. Unabhängig von Ihrer Körperfülle sollten Sie wissen, welcher Anteil aus einer gesunden Menge Fett besteht und wann dieses Verhältnis zu einem Gesundheitsrisiko wird. Wenn Sie einen hohen Anteil an Körperfett haben, das sich zudem im Bauchbereich angesetzt hat (und nicht an den Hüften und Oberschenkeln), besteht bei Übergewicht ein höheres Risiko für Herzerkrankungen und Diabetes (Zuckerkrankheit). Fett, das sich vornehmlich im Hüft- und Oberschenkelbereich befindet, wird von den größeren, stärkeren Beinmuskeln getragen, so daß es weniger Druck auf die Innenorgane einschließlich Herz ausübt.

Um das Verhältnis von Fett an der Taille im Vergleich zu Hüften und Oberschenkeln zu berechnen, tun Sie folgendes:
- Messen Sie Ihre Taille 5 cm oberhalb des Nabels
- Messen Sie die umfangreichste Stelle an Hüften/Oberschenkeln
- Teilen Sie die an der Taille gemessene Zahl durch die an den Hüften gemessene Zahl

Ein Verhältnis von 0,8 oder mehr bedeutet, daß Sie ein größeres Gesundheitsrisiko haben (bei Männern beträgt die Zahl 1,0 oder mehr).

IHR IDEALGEWICHT

Ihr Gewicht ist ein Ausgangspunkt zur Einschätzung Ihrer Fitneß und Vitalität. Sie müssen sich nicht jeden Tag zu Hause auf die Waage stellen und verrückt machen, aber Sie sollten einmal jährlich zu Ihrem Arzt gehen, um Ihr Gewicht objektiv überprüfen zu lassen. Die Weight Watchers haben wahrscheinlich mehr für Frauen und Männer, die ihren Lebensstil durch vernünftige Ernährung und Körperbewegung ändern wollen, getan als jede andere Organisation. Die dort verwendeten Richtlinien für das richtige Gewicht beruhen nicht auf ästhetischen Vorstellungen, sondern werden durch das, was vom medizinischen Standpunkt her gut für uns ist, und durch die Körpergröße festgelegt. Eine Tabelle für Körpergröße und Gewicht finden Sie auf Seite 175.

Wenn die Tabelle Sie beunruhigt, ist es vielleicht an der Zeit, Ihre Brennstoffzufuhr (also die Nahrungsmittel, die Sie zu sich nehmen) und Ihre Energieabgabe (das heißt Ihre körperliche Betätigung) von einem Fachmann bewerten zu lassen. Wenn ein großes Ungleichgewicht besteht – Sie essen die falschen Nahrungsmittel

EINE PERFEKTE HALTUNG

Alle Menschen sehen schlanker, größer *und* jünger aus, wenn sie sich richtig bewegen. Jahrelange schlechte Angewohnheiten – eine krumme Körperhaltung, das Sitzen auf schlechten Stühlen, das Schlafen auf falschen Matratzen usw. – können dazu führen, daß das Skelett völlig «aus den Fugen gerät». Manchmal läßt sich eine schlechte Haltung einfach dadurch korrigieren, daß man sich seiner selbst stärker bewußt wird. Andere brauchen das geschulte Auge und die Fähigkeiten eines Fachmannes, um sich besser zu bewegen.

Manche füllige Frauen nehmen bereits in jungen Jahren eine schlechte Haltung an, um ihren Körper zu «verstecken». Denken Sie an Ihre Schulzeit zurück, als großgewachsene Mädchen oder Mädchen mit vollem Busen einen krummen Rücken machten, damit sie kleiner wirkten oder der Busen nicht so auffiel. Die Folge ist, daß die Kleidung nicht richtig sitzt und man nicht das Beste aus seiner Figur machen kann. Sie können tatsächlich um mehrere Größen schlanker aussehen, wenn Sie lernen, sich richtig zu bewegen.

Die Vorteile einer guten Haltung liegen nicht nur im ästhetischen, sondern auch im therapeutischen Bereich. Die richtige Haltung und Balance reduziert die Belastung von Knochen und Gelenken und ermöglicht es uns, länger schmerzfrei zu leben.

Wenn Ihre Haltung nicht korrekt ist und Sie dies merken, sollten Sie eine Beratung durch einen Fachmann in Betracht ziehen, der in der Alexander-Technik geschult ist. Er kann eine jahrelange schlechte Haltung innerhalb von wenigen Wochen umkehren. Sie werden nicht nur besser aussehen, sondern feststellen, daß Sie das Leben mit weniger Belastung mehr genießen.

und/oder einfach zuviel und bewegen sich nicht genug –, dann nehmen Sie zu, worunter Ihre Fitneß leidet. Und mangelnde Fitneß bedeutet, daß Sie nicht in der Lage sind, Ihr Leben voll und ganz zu genießen. Menschen, die dick und außerdem nicht fit sind, leiden zusätzlich unter Vorurteilen in ihrer persönlichen Umgebung und im Beruf. Wenn Sie sich aufgrund mangelnder Fitneß unglücklich fühlen, ist es an der Zeit, Ihr Leben in die Hand zu nehmen und sich etwas mehr zu bewegen.

KÖRPERBEWEGUNG IST DER SCHLÜSSEL

Über die Vorteile von Körperbewegung müssen wir uns nicht streiten: Sie hält Herz und Kreislauf in Schwung und stärkt Knochen und Gelenke. Beides ist wichtig, um das Leben voll und ganz zu genießen. Aerobics regt genau wie Laufen, Fahrradfahren und Schwimmen den Stoffwechsel an, so daß Kalorien verbrannt werden. Ziel ist es, bei sportlicher Betätigung einen Prozentsatz von 60 bis 75 der maximalen

Herzfrequenz zu erreichen, da bei diesem Aktivitätsniveau Fett verbrannt wird. Ihr Arzt wird Ihnen sagen, wie hoch diese Frequenz bei Ihnen ist.

Eine gute Nachricht für Sie ist, daß Sie nicht von Natur aus athletisch sein müssen, um in den Genuß dieser Vorteile zu kommen. Selbst bescheidene körperliche Aktivität steigert den Stoffwechsel. Bewegen Sie sich jeden Tag, erhöht sich die Leistung Ihres Stoffwechsels im Ruhezustand, so daß Sie Kalorien und Fett auch dann verbrennen, wenn Sie sich gerade nicht bewegen.

Untersuchungen zeigen, daß Menschen, die abgenommen und sich gleichzeitig mehr bewegt haben – diejenigen also, die ihren Lebensstil stark verändert haben –, anschließend nicht wieder zugenommen haben. Dazu ist Disziplin erforderlich, weil Sie sich regelmäßig bewegen müssen, um einen Erfolg zu verzeichnen. Schon dreimaliges Seilspringen pro Woche und zusätzlich zwei bis drei forsche Spaziergänge reichen aus, um Gewicht und Fitneß aufrechtzuerhalten. Disziplin bei der Körperbewegung verstärkt die Disziplin bei den Eßgewohnheiten.

Ich weiß, was Sie jetzt denken. Sie sagen sich, daß Sie sowieso schon sehr aktiv sind, ständig umhereilen und dieses und jenes tun. Sie haben jede Menge «Körperbewegung», aber Sie fühlen sich dennoch nicht fit und würden sich gerne weniger Gedanken wegen Ihres Gewichts machen. Tatsächlich machen wir uns alle etwas vor, was die Körperbewegung betrifft. 1991 führte Allied Dunbar die größte Untersuchung über Fitneß durch, die in Großbritannien je stattgefunden hat. 80 Prozent der Briten hielten sich für «fit», doch weniger als ein Drittel der Männer und weniger als zwei Drittel der Frauen konnten eine leicht ansteigende Erhebung hinaufgehen, ohne außer Atem zu geraten. Die tägliche Hetze reicht also nicht aus, um fit zu bleiben. Dazu *muß* die Herzfrequenz durch bestimmte Aktivitäten für eine gewisse Zeit (mindestens 20 Minuten lang viermal pro Woche) erhöht werden, was die Vitalität steigert und die Muskeln trainiert.

Schon der Gedanke an sportliche Betätigung ängstigt viele Frauen. Die besten Absichten, fitter zu werden und sich gesünder zu ernähren, halten meistens nur während der ersten paar Wochen nach Weihnachten oder kurz vor dem Sommerurlaub vor. Wenn Sie sich während der letzten Jahre relativ wenig bewegt haben, ist Kreativität erforderlich, um wieder fit zu werden und zu sehen, was Sie zu anhaltender Aktivität motivieren könnte. Vielleicht brauchen Sie einen strengen persönlichen Trainer, in den Sie einen Teil Ihres Einkommens investieren müßten, damit er Sie morgens aus den Federn wirft und mit Ihnen trainiert. Vielleicht könnten Sie eine Freundin bitten, mit Ihnen gemeinsam einem Badmintonverein beizutreten. Viele ältere Frauen, die das Tanzen neu für sich entdecken, berichten, daß es, regelmäßig betrieben, das Fett nur so «wegschmelzen» läßt. Wenn Schwimmen so ziemlich die einzige Sportart ist, mit der Sie sich anfreunden können, sollten Sie das Schwimmbad zusammen mit Freunden aufsuchen, damit Sie sich während der ersten Wochen wegen Ihres Körperumfangs nicht verlegen fühlen. Egal, wofür Sie sich entscheiden – tun Sie es und halten Sie sich daran.

DIE GESUNDE GEWICHTSSPANNE FÜR DAMEN

Größe ohne Schuhe	Alter 16–25 Jahre	Alter 26–45 Jahre	Alter ab 46 Jahre
1,30 m	34– 41 kg	34– 41 kg	34– 42 kg
1,32 m	35– 42 kg	35– 43 kg	35– 44 kg
1,34 m	36– 43 kg	36– 44 kg	36– 45 kg
1,36 m	37– 44 kg	37– 45 kg	37– 46 kg
1,38 m	38– 46 kg	38– 47 kg	38– 48 kg
1,40 m	39– 47 kg	39– 48 kg	39– 49 kg
1,42 m	40– 48 kg	40– 49 kg	40– 50 kg
1,44 m	41– 50 kg	41– 51 kg	41– 52 kg
1,46 m	43– 51 kg	43– 52 kg	43– 53 kg
1,48 m	44– 53 kg	44– 54 kg	44– 55 kg
1,50 m	45– 54 kg	45– 55 kg	45– 56 kg
1,52 m	46– 55 kg	46– 57 kg	46– 58 kg
1,54 m	47– 57 kg	47– 58 kg	47– 59 kg
1,56 m	49– 58 kg	49– 60 kg	49– 61 kg
1,58 m	50– 60 kg	50– 61 kg	50– 62 kg
1,60 m	51– 61 kg	51– 63 kg	51– 64 kg
1,62 m	52– 63 kg	52– 64 kg	52– 66 kg
1,64 m	54– 65 kg	54– 66 kg	54– 67 kg
1,66 m	55– 66 kg	55– 68 kg	55– 69 kg
1,68 m	56– 68 kg	56– 69 kg	56– 71 kg
1,70 m	58– 69 kg	58– 71 kg	58– 72 kg
1,72 m	59– 71 kg	59– 72 kg	59– 74 kg
1,74 m	61– 73 kg	61– 74 kg	61– 76 kg
1,76 m	62– 74 kg	62– 76 kg	62– 77 kg
1,78 m	63– 76 kg	63– 78 kg	63– 79 kg
1,80 m	65– 78 kg	65– 79 kg	65– 81 kg
1,82 m	66– 79 kg	66– 81 kg	66– 83 kg
1,84 m	68– 81 kg	68– 83 kg	68– 85 kg
1,86 m	69– 83 kg	69– 85 kg	69– 86 kg
1,88 m	71– 85 kg	71– 87 kg	71– 88 kg
1,90 m	72– 87 kg	72– 88 kg	72– 90 kg
1,92 m	74– 88 kg	74– 90 kg	74– 92 kg
1,94 m	75– 90 kg	75– 92 kg	75– 94 kg
1,96 m	77– 92 kg	77– 94 kg	77– 96 kg
1,98 m	78– 94 kg	78– 96 kg	78– 98 kg
2,00 m	80– 96 kg	80– 98 kg	80–100 kg
2,02 m	82– 98 kg	82–100 kg	82–102 kg
2,04 m	83–100 kg	83–102 kg	83–104 kg
2,06 m	85–102 kg	85–104 kg	85–106 kg
2,08 m	87–104 kg	87–106 kg	87–108 kg
2,10 m	88–106 kg	88–108 kg	88–110 kg

Bei Jugendlichen bis zum 15. Lebensjahr muß die Gewichtsspanne vom Arzt bestimmt werden.
Dies betrifft auch Damen mit einer außerhalb dieser Tabelle angegebenen Größe.

EINE BERATUNG DURCH FACHLEUTE

Bevor Sie Ihre Muskeln wieder bewegen, sollten Sie einen Fachmann aufsuchen und Ihren gegenwärtigen Fitneßzustand, Ihre Ernährung, Ihre Gesundheit, Ihren Lebensstil und Ihre persönlichen Ziele einschätzen lassen, um festzustellen, warum Sie sich besser fühlen und besser aussehen wollen. Aus diesem Grund sollten Sie mit Ihrem Arzt und einem persönlichen Fitneßberater sprechen. Letzterer berät Sie in einem Fitneßstudio möglicherweise kostenlos oder gegen eine geringe Gebühr. Adressen finden Sie in den Gelben Seiten. Es gibt übrigens auch Studios speziell für Frauen.

SO HALTEN SIE STRESS UNTER KONTROLLE

1. Durch Körperbewegung werden Sie ruhiger. Bewegung reduziert das Adrenalin in Ihrem Körper und fördert die Produktion von Endorphinen, dem «Morphium von Mutter Natur».

2. Geben Sie Ihrem Körper alle zwei bis vier Stunden nahrhaften Brennstoff. Ein niedriger Blutzuckergehalt führt zu Depressionen.

3. Vermindern Sie Streß, indem Sie Vitamine des Vitamin-B-Komplexes, Vitamin C, Zink, Kalzium, Magnesium und Ginseng einnehmen (lassen Sie Ginseng weg, wenn Sie unter hohem Blutdruck leiden).

4. Um die Ruhe zu bewahren, reduzieren Sie die Koffeinzufuhr. Daß Kaffee und Tee Koffein enthalten, wissen Sie; Sie sollten aber auch das «versteckte Koffein» in vielen Erfrischungsgetränken beachten.

5. Sorgen Sie für ausreichenden Schlaf und bereiten Sie sich auf die abendliche Ruhephase vor: Nehmen Sie regelmäßig ein Bad vor dem Zubettgehen; weigern Sie sich, nach dem Abendessen an Streitgesprächen teilzunehmen; lesen Sie vor dem Zubettgehen nur das, was Ihnen Freude macht – also keine Arbeitsunterlagen!

6. Achten Sie darauf, wieviel Alkohol Sie trinken. Er fördert eine zu hohe Nahrungszufuhr und kann vor dem Zubettgehen zu Gereiztheit führen, so daß Sie unruhig schlafen – ganz abgesehen von dem Kater am Morgen danach.

7. Gönnen Sie sich Dinge, auf die Sie sich freuen können. Planen Sie einen Urlaub oder nehmen Sie an einem Kurs zu einem Thema teil, das Sie interessiert. Wenn man sich auf nichts freuen kann, scheinen die Alltagsprobleme größer, als sie tatsächlich sind. Außerdem haben Sie sich eine Pause verdient.

Schlußfolgerung

Es hat mir viel Spaß gemacht, dieses Buch zu planen, die notwendigen Recherchen anzustellen und es schließlich zu schreiben. Ich konnte nicht nur Lösungen für Probleme anbieten, mit denen viele meiner Kundinnen während der letzten Jahre zu kämpfen hatten, sondern auch viele neue Quellen entdecken, die attraktiven, fülligen Frauen zur Verfügung stehen. Die Hersteller überbieten sich gegenseitig im Bemühen, Ihre Wünsche als Kundin zu erfüllen – nach Mode, die wie ganz normale Mode aussieht und so geschnitten ist, daß sie *Ihnen* steht. Niemand erwartet, daß Sie Schuldgefühle entwickeln, weil Sie einer unrealistischen Vorstellung von Figur und Schönheit nicht entsprechen. Die Tage, in denen man danach strebte, spindeldürr auszusehen, sind vorüber.

Echte Frauen gibt es in jeder Form, Größe, Farbgebung und Persönlichkeit. Ich hoffe, daß Sie jetzt, nachdem Sie dieses Buch gelesen haben, nicht mehr dazu neigen, Ihren Körper und sich selbst zu verbergen. Sie haben gelernt, daß Ihre Farbgebung etwas ganz Besonderes ist, und erfahren, wie Sie sich von nun an kleiden können, um gesünder und attraktiver zu wirken. Die Tage, an denen Sie nur Schwarz getragen haben, sollten eigentlich jetzt gezählt sein. Statt sich wegen der Größe auf dem Kleideretikett Gedanken zu machen, richten Sie sich nun nach Schnitt und Stil, so daß die Kleidung zu Ihrer Figur paßt. Sie müssen sich nicht mehr wegen einer bedeutungslosen Größe den Kopf zerbrechen.

Sie wissen, daß es lohnt, Zeit und Geld für sich zu investieren – so, wie es Ihr Lebensstil und Ihr Budget zuläßt. Sie werden sich öfter einmal verwöhnen, nachdem Sie nach Überprüfung aller Möglichkeiten eine Liste von Prioritäten erstellt haben. Wird es in diesem Monat eine Ganzkörpermassage oder eine Maniküre sein? Warum nicht einen Lambadaabend oder ein Badmintonturnier organisieren? Und ist es nicht an der Zeit, sich von einer Fachfrau zeigen zu lassen, wie man ein Makeup aufträgt, um ein paar neue Techniken zu lernen, oder einen neuen Friseur aufzusuchen, der mehr Interesse an *Ihnen* zeigt?

Egal, aus welchem Grund Sie Ihr Image entwickeln wollen, damit die Welt sie mehr zu schätzen weiß – Sie sollten es tun! Eine selbstbewußtere, glücklichere und modischere Frau wartet darauf, entschleiert zu werden. Ich wünsche Ihnen dabei von ganzem Herzen Erfolg.

Kosmetische Chirurgie: Reklamemasche oder Gottesgeschenk?

Wenn man die Meinung vertritt, daß kosmetische Operationen durchaus eine Lösung bei zuviel Fett sein können, hört man dazu die verschiedensten Ansichten. Da sind einmal diejenigen, welche auf Körperfülle schwören und darauf bestehen, daß jede Form von Fett toll ist, aber auch jene unsicheren Frauen, die meinen, kosmetische Operationen seien die Antwort auf alle Probleme des Lebens. Ich muß meinen Hut vor der Schauspielerin Roseanne Barr ziehen, die, seit vielen Jahren übergewichtig, Fett durch Absaugen (Liposuction) entfernen ließ und dann ihren Lebensstil völlig änderte – sich gesünder ernährte und sich zum erstenmal in ihrem Leben sportlich betätigte. Roseanne wird nie schlank sein, und sie bemüht sich auch gar nicht, nach dem Unerreichbaren zu streben. Sie wird immer eine füllige Figur haben, aber was für eine tolle Frau sie heute ist!

Nach einigen Recherchen im Bereich der kosmetischen Chirurgie habe ich eine positive Einstellung zu bestimmten Verfahren gewonnen, die als mögliche Alternativen für Frauen mit dem nötigen Kleingeld und dem Wunsch, eine dauerhafte Alternative für ein lebenslanges Problem zu finden, gelten können.

LIPOSUCTION ODER LIPOSCULPTURE

Die Liposuction, die es seit über zehn Jahren gibt, hat sich zu einem der populärsten kosmetischen Operationsverfahren entwickelt. Man verwendet zwei Namen für dieselbe Technik. Der erste beschreibt das Verfahren ehrlicher, während der zweite die Vorstellung, sich Fett absaugen zu lassen, ästhetischer klingen läßt. Bereiche mit unerwünschtem Fett werden mit einem Kanüle genannten Instrument mit stumpfer Spitze eliminiert. Es wird unter der Haut herangeführt, bricht Fettzellen auf und entfernt sie. Eine solche Operation kann 30 Minuten bis zwei Stunden dauern, was von der notwendigen Arbeit abhängt.

Die Operation ist im Grunde recht einfach, aber die Patientinnen müssen sich auf die Nachwirkungen einstellen – blaue Flecken, Schwellungen, Schmerzen und ein taubes Gefühl. Für sechs bis acht Wochen muß man elastische Stützkleidung tragen, und die Ergebnisse sind erst etwa einen Monat nach der völligen Abschwellung sichtbar. Die Liposuction wird zur Entfernung hartnäckiger Fettansammlungen wie Zellulitis, die sich auch durch eine Änderung der Eßgewohnheiten oder durch mehr Körperbetätigung nicht beeinflussen lassen, empfohlen und eingesetzt.

RISIKEN DER LIPOSUCTION

Horrorgeschichten, denen zufolge Frauen nach einer Liposuction entstellter aussahen als vorher, sollten der Vergangenheit angehören, vorausgesetzt, daß der gewählte Chirurg die neuesten Geräte und Techniken einsetzt, die kaum Narben hinterlassen.

Obwohl das Verfahren als sicher gilt, bestehen wie bei jedem chirurgischen Eingriff Gefahren. Thrombosen, Infektionen und selbst Todesfälle können auftreten, sind jedoch sehr selten. Hin und wieder kann die Hautoberfläche nach mißglückter Operation gewellt sein, oder das Ergebnis ist unausgewogen oder asymmetrisch, so daß die Oberschenkel einen unterschiedlichen Umfang haben. Um die Risiken möglichst gering zu halten, sollten Sie einen guten Chirurgen aufsuchen, gesund sein und eine recht elastische Haut haben.

Eine Liposuction sollte nur durchgeführt werden, wenn sie von vernünftiger Ernährung und ausreichender Körperbewegung begleitet wird. Der Londoner Schönheitschirurg Jan Stanek empfiehlt, daß «Arzt und Patientin vereinbaren sollten, das chirurgische Verfahren durch eine Änderung des Lebensstils zu ergänzen. Die besten langfristigen Ergebnisse werden nach der Operation durch bessere Ernährung und mehr Bewegung erzielt.»

BEINKORREKTUREN

Unförmige Beine können jede Frau unabhängig von ihrem Körperumfang plagen. Ein weiteres Merkmal, das man den Genen in die Schuhe schieben kann! Doch vielleicht ist es nicht mehr nötig, sich ein Leben lang mit dunklen, blickdichten Strumpfhosen und langen Röcken abzufinden. Auch hier kann die Liposuction eingesetzt werden, um überschüssiges Fett an Knien und Fußgelenken abzusaugen, so daß Sie Beine bekommen, die Sie stolz vorzeigen können. Das Verfahren hinterläßt keine Narben.

BRUSTVERKLEINERUNG

Frauen mit vollem, herabhängendem Busen, der sie bei ihren täglichen Aktivitäten einschränkt, können eine Brustverkleinerung in Betracht ziehen. Gemeinsam mit dem Chirurgen entscheiden Sie, welche Größe die für Sie richtige ist. Unter Vollnarkose wird die Brustwarze entfernt, bevor ein senkrechter Einschnitt vorgenommen und unter der Brust weitergeführt wird. Überschüssiges Haut- und Brustgewebe wird weggeschnitten, und die Brustwarze wird wieder festgenäht. Durch den Eingriff kommt es zur Narbenbildung, doch die Narben verblassen innerhalb von vier bis sechs Monaten.

Es ist empfehlenswert, eine Brustverkleinerung erst nach der Geburt von Kindern in Betracht zu ziehen, da durch eine Schwangerschaft das Risiko besteht, das Narbengewebe zu überdehnen.

DIE WAHL EINES SCHÖNHEITSCHIRURGEN

In jedem Land gibt es eine Vereinigung der Ärzte für ästhetisch-plastische Chirurgie mit Listen ihrer Mitglieder. Solche Listen sind jedoch keine Garantie dafür, einen Chirurgen zu finden, der die neuesten Techniken anwendet, über die entsprechende Erfahrung verfügt und das beste Preis-Leistung-Verhältnis bietet. Es gibt unzählige Horrorgeschichten von Frauen, die durch Schönheitsoperationen entstellt wurden, und sie sollten uns allen eine heilsame Lehre sein.

FRAGEN, DIE SIE IHREM SCHÖNHEITSCHIRURGEN STELLEN SOLLTEN

- Verifizierbare Empfehlungsschreiben. Fragen Sie bei allen aufgeführten Vereinigungen nach, ob der Betroffene tatsächlich dort Mitglied ist.
- Erläuterungen zu Schulungen in der letzten Zeit oder zu Nachschulungen. Alle Topchirurgen sollten regelmäßig Konferenzen und Seminare besuchen, um sich über die neuesten Techniken zu informieren.
- Die Namen und Kontaktnummern früherer Patientinnen. Lassen Sie sich nicht nur durch die überzeugenden Fotos, die Frauen «davor» und «danach» zeigen, verführen. Falls möglich, sollten Sie ein Treffen mit einer früheren, zufriedenen Patientin arrangieren, um sich selbst von den Resultaten zu überzeugen.
- Sie sollten auch andere Schönheitschirurgen aufsuchen, um deren Meinung zu hören. Es sollte sich dabei nicht um Kollegen aus derselben Klinik handeln, sondern um andere, unabhängig arbeitende Chirurgen. Für jede Konsultation müssen Sie bezahlen, doch die Investition lohnt sich, wenn Sie dadurch nicht einem der zahlreichen rücksichtslosen Ärzte in die Hände fallen, die sich dem Registrierungsgesetz und anerkannten Berufspraktiken entziehen.

Farbanhang

DIE WARMGRUNDIGEN FARBTYPEN NACH CMB:
DER WARME FRÜHLING ODER DER WARME HERBST
Farben mit goldenem Unterton stehen Ihnen am besten, aber Sie sollten auch all die anderen farbenfrohen Möglichkeiten Ihrer Palette in Betracht ziehen. Frauen mit der Farbgebung des Warmen Frühlings haben ein leuchtenderes Aussehen (klarere Augen) als jene mit der Farbgebung des Warmen Herbstes (dunklere Augen).

Der Warme Frühling

1 Camel	17 Klares Lachs	33 Neongrün
2 Naturbraun	18 Flamingo	34 Limonengrün
3 Bronze	19 Warmes Pink	35 Helles Moosgrün
4 Goldbraun	20 Tomatenrot	36 Moosgrün
5 Schokobraun	21 Terracotta	37 Zartes Aquamarin
6 Gold	22 Mango	38 Intensives Aquamarin
7 Eierschale	23 Kürbisgelb	39 Helles Petrol
8 Sahneweiß	24 Rost	40 Türkis
9 Graubeige	25 Creme	41 Türkisgrün
10 Steingrau	26 Gelbbeige	42 Jadegrün
11 Graugrün	27 Klares Goldgelb	43 Vergißmeinnicht
12 Mittelgrau	28 Sonnengelb	44 Dunkles Lapis
13 Helles Lachs	29 Goldgelb	45 Veilchenblau
14 Apricot	30 Gelbgrün	46 Violett
15 Kräftiges Apricot	31 Zartes Mint	47 Helles Marine
16 Hellorange	32 Lindgrün	48 Petrolblau

Der Warme Herbst

1 Camel	8 Sahneweiß	15 Lachs
2 Naturbraun	9 Graubeige	16 Lachsrosa
3 Graugrün	10 Steingrau	17 Flamingo
4 Goldbraun	11 Warmes Grau	18 Kürbisgelb
5 Kaffeebraun	12 Mittelgrau	19 Terracotta
6 Schokobraun	13 Helles Lachs	20 Tomatenrot
7 Eierschale	14 Kräftiges Apricot	21 Zinnoberrot

22 Rost	31 Moosgrün	40 Petrolblau
23 Mahagoni	32 Olivgrün	41 Flaschengrün
24 Aubergine	33 Bronze	42 Neongrün
25 Creme	34 Senf	43 Intensives Aquamarin
26 Gelbbeige	35 Mango	44 Zartes Aquamarin
27 Klares Goldgelb	36 Gold	45 Veilchenblau
28 Goldgelb	37 Türkis	46 Dunkles Lapis
29 Helles Moosgrün	38 Türkisgrün	47 Violett
30 Limonengrün	39 Jadegrün	48 Helles Marine

DIE DUNKLEN FARBTYPEN NACH CMB:
DER DUNKLE HERBST ODER DER DUNKLE WINTER

Satte, kräftige und auffallende Farben ergänzen Ihre Farbgebung am besten. Der Dunkle Herbst hat einen wärmeren Hautton und eine wärmere Haarfarbe, während die Haut des Dunklen Winters eher einen olivfarbenen Ton oder einen neutralen Beige- oder Porzellanton aufweist. Frauen mit dunklen Hauttönen sollten die Paletten vergleichen, um festzustellen, welche am besten zu ihrer Haut paßt.

Der Dunkle Herbst

1 Steingrau	17 Zinnoberrot	33 Bronze
2 Warmes Grau	18 Tomatenrot	34 Intensivgrün
3 Graugrün	19 Scharlachrot	35 Smaragdgrün
4 Schwarzbraun	20 Terracotta	36 Flaschengrün
5 Anthrazit	21 Rost	37 Zartes Mint
6 Schwarz	22 Mahagoni	38 Türkisblau
7 Wollweiß	23 Braunrot	39 Lagunenblau
8 Eierschale	24 Aubergine	40 Türkis
9 Sahneweiß	25 Goldgelb	41 Türkisgrün
10 Graubeige	26 Mango	42 Tannengrün
11 Camel	27 Senf	43 Kräftiges Blau
12 Creme	28 Helles Moosgrün	44 Petrolblau
13 Helles Lachs	29 Moosgrün	45 Marine
14 Kräftiges Apricot	30 Gold	46 Violett
15 Lachsrosa	31 Limonengrün	47 Dunkles Lapis
16 Warmes Pink	32 Olivgrün	48 Silber

Der Dunkle Winter

1 Schwarz	4 Schwarzbraun	7 Schneeweiß
2 Anthrazit	5 Mahagoni	8 Wollweiß
3 Warmes Grau	6 Braunrot	9 Graubeige

10 Steingrau	23 Weinrot	36 Gold
11 Eisgrau	24 Aubergine	37 Intensivgrün
12 Mittelgrau	25 Zartes Mint	38 Türkisblau
13 Helles Zyklam	26 Eisgrün	39 Petrolblau
14 Himbeerrot	27 Eisgelb	40 Lebhaftes Petrol
15 Dunkles Zyklam	28 Zitronengelb	41 Kräftiges Blau
16 Lila	29 Eisviolett	42 Silber
17 Bordeaux	30 Eisrosa	43 Türkisblau
18 Scharlachrot	31 Türkis	44 Lagunenblau
19 Warmes Pink	32 Smaragdgrün	45 Klares Lapis
20 Tomatenrot	33 Flaschengrün	46 Violett
21 Rost	34 Tannengrün	47 Königsblau
22 Kirschrot	35 Olivgrün	48 Marine

DIE HELLEN FARBTYPEN NACH CMB:
DER HELLE FRÜHLING ODER DER HELLE SOMMER

Ihre besten Farben sind abwechslungsreiche Töne, die neben Pastelltönen und eleganten neutralen Farben nicht zu sehr auffallen. Der Helle Frühling hat einen wärmeren Hautton (Elfenbein, möglicherweise ein paar Sommersprossen), während bei der Farbgebung des Hellen Sommers ein kühlerer Hautton vorherrscht (ein eher rosafarbener Grundton oder Beige).

Der Helle Sommer

1 Hellgrau	17 Malve	33 Helles Petrol
2 Graublau	18 Silber	34 Gedecktes Petrol
3 Mittelgrau	19 Koralle	35 Efeu
4 Warmes Grau	20 Warmes kräftiges Rosa	36 Helles Marine
5 Kakaobraun	21 Warmes Pink	37 Helles Lavendel
6 Rosabraun	22 Dunkelrosa	38 Stahlblau
7 Wollweiß	23 Wassermelone	39 Himmelblau
8 Eierschale	24 Klatschmohn	40 Vergißmeinnichtblau
9 Rosabeige	25 Creme	41 Kräftiges Blau
10 Graubeige	26 Hellgelb	42 Kadettenblau
11 Steingrau	27 Zartes Mint	43 Flieder
12 Gold	28 Pastellgrün	44 Amethyst
13 Pastellrosa	29 Zartes Aquamarin	45 Zartes Lapis
14 Puderrosa	30 Intensives Aquamarin	46 Dunkles Lapis
15 Klares Lachs	31 Blaugrün	47 Veilchenblau
16 Pink	32 Türkisgrün	48 Violett

Der Helle Frühling

1 Camel	17 Hellorange	33 Türkisgrün
2 Naturbraun	18 Warmes Pink	34 Helles Petrol
3 Warmes Grau	19 Pink	35 Intensives Aquamarin
4 Hellgrau	20 Koralle	36 Zartes Aquamarin
5 Mittelgrau	21 Warmes Rosa	37 Zartes Mint
6 Taubenblau	22 Dunkelrosa	38 Stahlblau
7 Wollweiß	23 Wassermelone	39 Helles Lavendel
8 Eierschale	24 Klatschmohn	40 Himmelblau
9 Graubeige	25 Creme	41 Zartes Lapis
10 Steingrau	26 Gelbbeige	42 Violett
11 Helles Lachs	27 Klares Goldgelb	43 Veilchenblau
12 Pastellrosa	28 Sonnengelb	44 Helles Marine
13 Puderrosa	29 Lindgrün	45 Kräftiges Blau
14 Apricot	30 Helles Moosgrün	46 Vergißmeinnichtblau
15 Klares Lachs	31 Gelbgrün	47 Silber
16 Flamingo	32 Blaugrün	48 Gold

DIE GEDECKTEN FARBTYPEN NACH CMB:
DER GEDECKTE SOMMER ODER DER GEDECKTE HERBST

Diese Frauen wirken besser in gedämpften als in kräftigen Farben. Der Gedeckte Sommer hat einen kühleren Hautton (Pink oder Beige), der Gedeckte Herbst hingegen einen eindeutig wärmeren Hautton (Pfirsich, warmes Beige oder sogar ein paar Sommersprossen).

Der Gedeckte Sommer

1 Hellgrau	14 Rose	27 Zartes Mint
2 Mittelgrau	15 Orchidee	28 Pastellgrün
3 Graugrün	16 Pink	29 Blaugrün
4 Warmes Grau	17 Malve	30 Türkisgrün
5 Kaffeebraun	18 Gedecktes Lila	31 Türkis
6 Rosabraun	19 Himbeerrosa	32 Jadegrün
7 Wollweiß	20 Warmes kräftiges Rosa	33 Efeu
8 Eierschale	21 Dunkelrosa	34 Flaschengrün
9 Rosabeige	22 Wassermelone	35 Gedecktes Petrol
10 Graubeige	23 Kirschrot	36 Petrolblau
11 Steingrau	24 Weinrot	37 Helles Marine
12 Kakaobraun	25 Creme	38 Graublau
13 Puderrosa	26 Hellgelb	39 Anthrazit

40 Kadettenblau
41 Himmelblau
42 Zartes Lapis

43 Dunkles Lapis
44 Amethyst
45 Violett

46 Vergißmeinnichtblau
47 Silber
48 Gold

Der Gedeckte Herbst

 1 Mahagoni
 2 Schokobraun
 3 Rosabraun
 4 Kaffeebraun
 5 Graugrün
 6 Anthrazit
 7 Steingrau
 8 Sahneweiß
 9 Camel
10 Naturbraun
11 Warmes Grau
12 Mittelgrau
13 Helles Lachs
14 Warmes kräftiges Rosa
15 Dunkelrosa
16 Lachs

17 Silber
18 Gold
19 Lachsrosa
20 Zinnoberrot
21 Tomatenrot
22 Wassermelone
23 Rost
24 Terracotta
25 Wollweiß
26 Eierschale
27 Graubeige
28 Creme
29 Gelbbeige
30 Hellgelb
31 Goldgelb
32 Zartes Mint

33 Türkisgrün
34 Türkis
35 Jadegrün
36 Petrolblau
37 Bronze
38 Moosgrün
39 Helles Moosgrün
40 Limonengrün
41 Olivgrün
42 Flaschengrün
43 Kadettenblau
44 Helles Marine
45 Dunkles Lapis
46 Amethyst
47 Violett
48 Aubergine

DIE KLAREN FARBTYPEN NACH CMB: DER KLARE FRÜHLING ODER DER KLARE WINTER

Maßgeblich sind leuchtende Farben, die für sich oder als Kontrast getragen werden. Frauen mit der Farbgebung des Klaren Frühlings haben einen wärmeren Hautton, während der Hautton des Klaren Winters kühler oder neutraler ist.

Der Klare Frühling

 1 Marine
 2 Hellgrau
 3 Mittelgrau
 4 Anthrazit
 5 Schwarz
 6 Schwarzbraun
 7 Wollweiß
 8 Eierschale
 9 Graubeige
10 Steingrau
11 Warmes Grau

12 Silber
13 Eisblau
14 Eisviolett
15 Pastellrosa
16 Klares Lachs
17 Flamingo
18 Koralle
19 Warmes kräftiges Rosa
20 Warmes Pink
21 Dunkelrosa
22 Helles Zyklam

23 Klatschmohn
24 Scharlachrot
25 Klares Goldgelb
26 Zitronengelb
27 Sonnengelb
28 Zartes Mint
29 Lindgrün
30 Gold
31 Türkisgrün
32 Wiesengrün
33 Intensivgrün

34 Smaragdgrün	39 Lagunenblau	44 Zartes Lapis
35 Flaschengrün	40 Intensives Aquamarin	45 Dunkles Lapis
36 Olivgrün	41 Türkisblau	46 Klares Lapis
37 Helles Petrol	42 Veilchenblau	47 Vergißmeinnichtblau
38 Lebhaftes Petrol	43 Violett	48 Kräftiges Blau

Der Klare Winter

1 Hellgrau	17 Helles Zyklam	33 Sonnengelb
2 Mittelgrau	18 Dunkelrosa	34 Türkisblau
3 Anthrazit	19 Warmes Pink	35 Lagunenblau
4 Schwarz	20 Klatschmohn	36 Klares Petrol
5 Schwarzbraun	21 Kirschrot	37 Türkisgrün
6 Warmes Grau	22 Scharlachrot	38 Intensivgrün
7 Schneeweiß	23 Himbeerrot	39 Smaragdgrün
8 Wollweiß	24 Silber	40 Tannengrün
9 Eisgelb	25 Lila	41 Zartes Lapis
10 Eisgrau	26 Dunkles Zyklam	42 Veilchenblau
11 Graubeige	27 Bordeaux	43 Klares Lapis
12 Steingrau	28 Weinrot	44 Violett
13 Eisblau	29 Aubergine	45 Kräftiges Blau
14 Eisviolett	30 Gold	46 Vergißmeinnichtblau
15 Eisrosa	31 Zartes Mint	47 Königsblau
16 Shocking Pink	32 Zitronengelb	48 Marine

DIE KÜHLEN FARBTYPEN NACH CMB: DER KÜHLE SOMMER ODER DER KÜHLE WINTER

Farben, die gleichzeitig gedämpft und satt sind, stehen Ihnen am besten, vorausgesetzt, Sie halten sich von goldenen Tönen fern. Frauen mit der Farbgebung des Kühlen Sommers brauchen gedecktere Töne, während der Kühle Winter kräftigere, kühle Töne tragen kann.

Der Kühle Sommer

1 Hellgrau	9 Graubeige	17 Helles Zyklam
2 Mittelgrau	10 Steingrau	18 Gedecktes Lila
3 Taubenblau	11 Kakaobraun	19 Dunkelrosa
4 Graublau	12 Rosabraun	20 Scharlachrot
5 Anthrazit	13 Eisrosa	21 Kirschrot
6 Warmes Grau	14 Rose	22 Wassermelone
7 Wollweiß	15 Pink	23 Himbeerrot
8 Rosabeige	16 Orchidee	24 Weinrot

25 Neongrün

26 Türkisgrün

27 Petrolblau

28 Gedecktes Petrol

29 Efeu

30 Tannengrün

31 Hellgelb

32 Zartes Mint

33 Mittleres Aquamarin

34 Intensives Aquamarin

35 Türkisblau

36 Lagunenblau

37 Himmelblau

38 Flieder

39 Amethyst

40 Veilchenblau

41 Pflaumenblau

42 Violett

43 Zartes Lapis

44 Kadettenblau

45 Kräftiges Blau

46 Königsblau

47 Marine

48 Silber

Der Kühle Winter

1 Eisgrau

2 Hellgrau

3 Mittelgrau

4 Anthrazit

5 Schwarz

6 Schwarzbraun

7 Schneeweiß

8 Wollweiß

9 Graubeige

10 Steingrau

11 Warmes Grau

12 Silber

13 Rose

14 Pink

15 Shocking Pink

16 Helles Zyklam

17 Lila

18 Dunkles Zyklam

19 Dunkelrosa

20 Scharlachrot

21 Kirschrot

22 Himbeerrot

23 Bordeaux

24 Weinrot

25 Zartes Mint

26 Eisgrün

27 Eisgelb

28 Eisblau

29 Eisviolett

30 Eisrosa

31 Zitronengelb

32 Blaugrün

33 Türkisgrün

34 Intensivgrün

35 Smaragdgrün

36 Tannengrün

37 Türkisblau

38 Lagunenblau

39 Lebhaftes Petrolblau

40 Petrolblau

41 Vergißmeinnichtblau

42 Dunkles Lapis

43 Klares Lapis

44 Kräftiges Blau

45 Königsblau

46 Marine

47 Violett

48 Pflaumenblau

Bildnachweis

Alle hier nicht aufgeführten Kleidungsstücke stammen aus dem persönlichen Besitz der Fotomodelle.

Fotomodelle für die EVANS-Fotos durch Vermittlung von FORD MODELS (Mia Rosen und Maureen Roberts) sowie HAMMOND HUGHES (Jackie Morgan). Zusätzliche Fotomodelle durch HAMMOND HUGHES und EXCEL.

Stichwortverzeichnis

Kursiv gedruckte Seitenzahlen beziehen sich auf Illustrationen.

Kennen Sie Ihre ganz persönlichen Farben?

Nun haben Sie eine Fülle an Informationen über professionelles Styling. Kennen Sie jedoch auch Ihre ganz persönlichen Farben? Denn Kleider machen Leute, und Farben betonen Ihren Typ. Für die praktische Anwendung und den gezielten Einkauf bietet Ihnen *Color Me Beautiful* das exklusive und handliche Image-Etui. Neben interessanten Tips und Informationen finden Sie darin Ihre ganz persönlichen Farben als Original-Stoffmuster.

Ja, senden Sie mir bitte das attraktive *Color Me Beautiful* Image-Etui mit meinen 48 persönlichen Farben.

Frühling	*Sommer*	*Herbst*	*Winter*
○ Hell	○ Hell	○ Warm	○ Klar
○ Warm	○ Gedeckt	○ Gedeckt	○ Kühl
○ Klar	○ Kühl	○ Dunkel	○ Dunkel

○ Mein Scheck liegt bei über   DM 98.-   öS 690.-   sFr. 96.-
     Etui inkl. Versandkosten
○ Ich bestelle per Nachnahme
     Preise wie oben zuzüglich Nachnahmegebühr

Name _____

Anschrift _____

Telefon _____ Datum/Unterschrift _____

Color Me Beautiful

Zentrale Deutschland: Hollerallee 29, D-28209 Bremen, Telefon 0421-340999, Fax 0421-3477765
Österreich: Postfach 48, A-5101 Bergheim
Schweiz: Postfach 3759, CH-8021 Zürich

COLOR ME BEAUTIFUL BIETET IHNEN NOCH VIEL MEHR

● **Persönliche Image-Beratungen**

Color Me Beautiful verfügt über ein Netz bestens geschulter Image Consultants, die Ihnen in ihren Studios individuelle Beratungen für Farbe, Stil und Make-up anbieten. Sie können mit einer Beraterin in Ihrer Nähe Einzeltermine vereinbaren, oder Sie kommen zusammen mit einer Freundin. Sie erhalten bei der Farbberatung das exklusive CMB Image-Etui mit 48 Original-stoffmustern sowie wertvolle Tips zu Kleidung und Make-up, abgestimmt auf Ihre persönliche Jahreszeit. Ihre Beraterin notiert alles für Sie in einem Begleitbüchlein, das selbstverständlich zu Ihrem Image-Etui gehört.

● **Color Me Beautiful Produkte**

Ihr Image Consultant hält eine Auswahl der exklusiven Kosmetikserie, der Hautpflegeserie, der Tücher, Schals und weitere Accessoires von Color Me Beautiful für Sie bereit. Sie können alle CMB-Produkte direkt bei Ihrer Beraterin abholen oder per Telefon oder Post bestellen.

● **Machen Sie Karriere mit Color Me Beautiful**

Wenn es auch Ihnen Freude bereitet, anderen Menschen dabei behilflich zu sein, das Beste aus sich zu machen, dann bietet Ihnen Color Me Beautiful eine großartige Chance für einen erfolgreichen Beruf. Rufen Sie uns an oder schreiben Sie uns. Sie erhalten dann ein kostenloses Karrierepaket mit allen Basisinformationen über die Ausbildung zum CMB Image Consultant. Diese berufliche Chance können Sie als Teilzeit- oder Vollzeitbeschäftigung ausüben. Sie sind dabei ganz flexibel, haben entweder ein eigenes Studio, arbeiten innerhalb Ihres Unternehmens weiter oder bieten Ihren Service im Rahmen einer adäquaten Dienstleistung an. Schon viele Frauen haben mit CMB eine erfolgreiche Karriere gestartet.

● **Business-Seminare für Führungskräfte und Mitarbeiter**

Viele Unternehmen haben erkannt, wie wichtig neben dem Firmenimage auch das Image der Mitarbeiter ist und arbeiten deshalb mit uns zusammen. Der Weg zum Erfolg führt über das persönliche Erscheinungsbild. Sie möchten, daß Ihr erster Eindruck nachhaltig positiv ist? Dann wenden Sie sich vertrauensvoll an uns. CMB zeigt Ihnen in speziell entwickelten Seminaren, wie sehr viel selbstbewußter und erfolgreicher Sie werden können, wenn Sie das Beste aus sich und Ihrem Erscheinungsbild machen.

Sie möchten mehr wissen? Rufen Sie uns an unter 0421-340999 oder senden Sie uns diesen Coupon zu:

Ja,

das *Color Me Beautiful*-Konzept interessiert mich sehr. Ich hätte gerne weitere Informationen über

- ○ einen CMB Image Consultant in meiner Nähe
- ○ die CMB Produktpalette
- ○ meine Karrieremöglichkeiten mit Color Me Beautiful
- ○ die Business-Seminare mit CMB

Name

Anschrift

Telefon tagsüber   Fax

Adressen

Bezugsquellennachweise für Mode in großen Größen sowie die Adresse eines autorisierten
CMB-Image-Consultants in Ihrer Nähe erhalten Sie bei

IMAGE CONSULTANTS

Hollerallee 29
D-28209 Bremen
Telefon 0421-340999 oder 0180-3212125
Telefax 0421-3477765

Für die Schweiz:
Telefon 041-2600632
Telefax 041-2600633